植田 麦 著

古代日本神話の物語論的研究

和泉書院

序文

大阪市立大学名誉教授
皇學館大学教授
毛利正守

この度、植田麦君の念願であったはじめての著作が、立派な一冊となって和泉書院より刊行されたことを心から嬉しく思う。三十代半ばでこれまでの論文を著書にまとめ、世に送り出せたことは、若手研究者の彼にとってなかなか幸運なことであり、また、これからの学界の反応が好意的なものであることを祈っている。彼はそういうことは十分承知の上でいま現在の自らの最上の研究成果をこの一冊に纏めていることに違いない。

思い返せば、彼の存在を知ったのは、彼が学部の二回生の頃だが、当時よりそういう気概は十分見て取れた学生であった。植田君は関西大学の学生であり、非常勤講師として出講していた私の授業を取っていた。無遅刻無欠席でいつも一番前の席に陣取り、熱心に私の授業を聞いており、そのような彼の授業態度を教える身として好ましく思っていた。進級し、卒業論文で古事記をテーマとした内容を執筆したいということでアドバイスも求められたりするうちに、彼の人となりも深く知り得て、彼が研究者向きの資質をもっていることも分かってきた。彼自身からも大学院進学を考えていることを打ち明けられ、本務校の学生ではないので、限りはあったが相談にものった。

当時彼は関西大学で卒業論文の指導を国語学の泰斗であられた遠藤邦基先生に、また、あわせて優れた萬葉研究者の大濱真幸先生からは文学の指導を受けるという、語学・文学の両面からまことに贅沢で恵まれた指導を受けていた。このようにして彼の古事記研究の基礎は両先生のお蔭で出発し、それは今日に至るまで彼の研究方法の基盤をなすものであろう。

その後、遠藤・大濱両先生に送り出され、私の勤める大阪市立大学の大学院に進学し、古事記を研究領域の一つとする私の指導のもとで研究に没頭することになったのである。当時の研究室は、夜の十時には退室しなければならない規則があったが、彼が院生としての在籍中は、平日、週末を問わず十時より前に研究室の明かりが消えることがないのは有名で、これは彼の勤勉さを物語るエピソードの一つである。

研究者としてのキャリアを築く上で大きなチャンスがもたらされたのは二〇〇一年の古事記学会での研究発表である。はじめての大きな学会にもかかわらず優れた発表を成し、その内容は、「黄泉比良坂と伊賦夜坂」として二〇〇六年の『古事記年報』に載った。本書にも加筆修正したものが収録されていて、記念すべき論である。また、彼が最初に纏めた論文「古事記における「今」―上巻の「天下」を中心に―」は、二〇〇四年、国語国文学界におけるクオリティーペーパーである『国語と国文学』誌に掲載され、さらにそれを承けて古事記学会からは優れた古事記研究に対する奨励賞が授けられた。これらをもってしても分かるように研究者として順調な出発をすることができ、その集大成にあたるのが本書の基となる学位論文『古事記・日本書紀の物語論的研究』である。大阪市立大学より博士（文学）を授与されたこの論文は、古事記・日本書紀の時間表現を手がかりとして、作品論的研究の新たな展開を目指すべく、物語論の方法を提唱するもので、論題から明らかではあるが、本書の基礎論に相当するものである。

彼の研究方法は、対象とするテキストの表記に向き合い、なぜその表記がそこにあるのか、その表記によってテキストがどのような世界として構築されているかを論証するものである。先にも述べたとおり、国語学と国文学の両面からの方法論を併せて用いるもので、堅牢な実証を第一とし、その上に構築される論考は極めて説得性をもつものである。現在、さらに新たな研究手法や分野の模索を続け、研究を推し進めている。

本書は、現在の彼の等身大の投影でもある。研究者としては成果も評価もこれからが勝負である。さらなる高みを目指し精進することを期待し、今後の道程の実り多きことを祈念して序文とする。

二〇一二年十二月一日

目次

凡　例

一　本書において使用したテキストは以下の通りである。

古事記　　新編日本古典文学全集『古事記』
日本書紀　新編日本古典文学全集『日本書紀』
万葉集　　新編日本古典文学全集『万葉集』
風土記　　新編日本古典文学全集『風土記』
懐風藻　　日本古典文学大系『懐風藻　文華秀麗集　本朝文粋』
古語拾遺　新撰日本古典文庫『古語拾遺・高橋氏文』
日本書紀私記　国史大系『日本書紀私記・釋日本紀・日本逸史』
延喜式　　国史大系『延喜式』
先代旧事本紀　天理図書館善本叢書『先代旧事本紀』
日本書紀纂疏　天理図書館善本叢書『日本書紀纂疏　日本書紀』
淮南子　　新釈漢文大系『淮南子』
小　学　　新釈漢文大系『小学』
論　衡　　新釈漢文大系『論衡』
墨　子　　新釈漢文大系『墨子』
易　経　　新釈漢文大系『易経』
遊仙窟　　『遊仙窟全講』（八木沢元校注　明治書院）
文　選　　新釈漢文大系『文選』

戦国策　新釈漢文大系『戦国策』
五行大義　新編漢文選『五行大義』
全唐詩　『全唐詩』（中華書局）
史　記　『史記』（中華書局）
漢　書　『漢書』（中華書局）
後漢書　『後漢書』（中華書局）
三国志　『三国志』（中華書局）
晋　書　『晋書』（中華書局）
南斉書　『南斉書』（中華書局）
隋　書　『隋書』（中華書局）
新唐書　『新唐書』（中華書局）
北堂書鈔　『北堂書鈔』（文海出版社）
芸文類聚　『芸文類聚』（上海古籍出版社）
太平御覧　『太平御覧』（中華書局）
法苑珠林　『法苑珠林校注』（中華書局）

引用に際しては基本的に常用漢字をもちいたが、かなづかいは原文にしたがった。二行の割注は【】で、一行の割注は［］で示した。なお、本文・割注とも、引用の都合で省いたところがある。

二　各節（補論を含む）において、参考文献は毛利正守（二〇〇五）のようなかたちで著者名と発表年を示し、それぞれの節の末尾にまとめて詳細を示した。参考とする論文が節によって重複する場合もあるが、参考の便をはかるため、そのつど提示した。

序章

一　物語論へ

『古事記の達成』（神野志隆光・一九八三）は、古事記研究のみならず、古代文学研究そのものにとってひとつの達成であった。吉井巖・西郷信綱らによって示された作品論的研究方法の方向性が、それによって明確なかたちをなしたためである。

それまで、古事記を中心とした古代の散文作品の研究は、作品を個別要素に分解し、いわゆる「記紀神話」へと再構築することが多く、そしてまたその「記紀神話」から古事記・日本書紀などへの変容を論じられることも多々あった。そうした研究が古事記や日本書紀といった、古代の散文作品研究と同等とみなされることすらあった。

それらの研究により、古事記・日本書紀等の背景について多くの成果がもたらされた。しかしながら、この方法では、作品の価値は神話・伝承の再構成としての観点から捉えられるのみであり、結果論的な把握から抜け出すことができない。そのような状況を変えつつあったのが吉井であり、西郷であり、革新したのが神野志であった。

神野志（一九八三）は、端的にいえば、古事記を独立した作品として認め、外部要素を持ち込むことや外部要素へと拡散させることなく、作品の内部で生態的にその在りようを捉えることを提唱した。その方法は、作品を歴史性や民族性へと還元することなく、個々の作品をそれ自体として論じることを可能とするところに強みがある。つまり、作品に先行する伝承等を想定することなく、ひとつひとつの作品においてその価値をはかることが可能である。以後、古事記だけではなく、日本書紀あるいは風土記等の作品においても、同様の研究手法の用いられることが多くなった。

これまでの作品論による成果は、作品を素材化・要素化してきた成立論と一線を画しつつそれを対象化しえた点と、個々の作品における世界観の提示が可能となった点にある。だが、一方で作品を一元的に把握しすぎてきた感も否めない。作品論的研究に対しては、「明文化された表層を追っているだけでは、決して『古事記』の神話は読めない」（小村宏史・二〇一一）といった批判がある。作品論的研究に向けられた最大の批判は、それが作品の内部に閉じこもることにほかならない、というものであろう。作品の読みは精緻になりながらも、それでは畢竟、研究のための研究でしかない。そしていま、作品論はあらためてその方法論の再構築をなすべき画期にさしかかりつつある。

右のごとき状況に鑑み、論者はこれまでの作品論を批判的に検討するうえで、物語論的研究の方法を提示する。これは、古事記あるいは日本書紀といった作品を独立したものとみなし、その作品個々の位置づけを問うという意味では、作品論的研究の範疇に含まれる。しかし、従来の作品論よりなお、作品の構造を自覚的に把握する方法である。物語論は日本文学研究でも、すでに近代文学研究において、また平安期以後の時代を対象とする古典文学研究にもその研究手法は導入されているが、平安期をさかのぼる時代を対象とする文学研究ではさほど省みられていない。そのなか、奈良時代の韻文研究では、近年、身﨑壽（二〇〇五）が柿本人麻呂研究において物語論的手法を導入した。韻文研究の問題あるいは手法と、論者が目指すところの散文研究における物語論の方法の導入とを同列にするべきではない。だが、古事記・日本書紀と同時代の作品を対象にする立場からは、身﨑の成果を大きく参考にしたい。

身﨑は「人間の意識の根幹には、いま・ここ・わたしという三要素があるとおもわれる」（傍線、原文ママ）と述べ、時間・空間・「語り手」[1]を作品の構成原理、あるいは表現の原理として認め、その在りようを追求する。つまり、身﨑の意思表明は、物語られたものと区別された、物語るものをもその考察の対象にすることである、と認められる。

物語論の方法では、この「物語るもの」と「物語られたもの」とを、あるいは「いかに」と「なにを」とを峻別する。ある出来事を伝達するときの配列や視点などの在りかたがどのようなものであるかを考えることと、その出来事の筋立ての意味を考えることとは別個であって、両者を混同するべきでない。その「物語るもの＝語り」と「物語られるもの＝物語」とを包括するものを、本論文では「作品」と呼ぶこととする。これは、論者が基本的な立脚点を作品論にもつことを理由とする。[2]

そして、論者が戦略的に研究の対象として選択するのは、「物語るもの」すなわち「語り」である。ただし、のちに述べるとおり、この語りは口頭表現としての意味ではない。表現の方法をいうものとしてある。

これは、従来の研究が「物語られたもの」をその主たる対象としてきたことを相対化する目的に基づく。もちろん、語りの研究のなかで「物語（物語られたもの）」への言及は避けえないにせよ、あくまで主目的としては語りの考察にあることを述べておく。

以下、本書のうち、第一章から第三章までの内容について項を分けて概略を述べ、論者の明らかにしようとするところを示したい。

二　古事記の時間表現

古事記の地の文にある「今」は全三〇例である。そのうち、物語中のある時点を提示する「今」の例が二例ある。これらについては第一章で詳細をみるため、ここではこれ以上の議論を行わない。以下、本項では、その他の二八例の「今」について概略を述べる。

これらの「今」が作品において果たす基本機能は、物語と語りとにおいて異なるものを引きつなぐことである。たとえば、

此、稲羽之素菟者也。於レ今者謂二菟神一也。（上巻　大国主神）

の場合、物語のなかで「菟」が大穴牟遅神が八上比売への求婚に成功すると予祝を行ったのち、語りによってその「菟」が「稲羽之素菟」であり、「今」においては「菟神」であるとされる。ただの「菟」の発言ではなく、「菟神」の予祝であることが意味をもつのである。ここでは、大穴牟遅神の援助を受ける弱者としての「菟」に、予祝の正当性を担保する「菟神」が「今」によって措定されている。

また、

故、至レ今其溺時之種々之態不レ絶、仕奉也。（上巻　日子穂々手見命と鵜葺草葺不合命）

という例をもって考えてみよう。火照命（海佐知毘古）が「荒心」を起こして火遠理命（山佐知毘古）を攻めたと

ころ、火遠理命は海神に授けられた玉をもってこれを撃退する。そして火照命が「僕者自レ今以後、為二汝命之昼夜守護人一而仕奉」として、火遠理命への忠誠を誓い、そののちに右の「今」を含む記述が続く。火照命は隼人の祖先であり、火遠理命は天皇の祖先である。つまり、「今」において「仕奉」の動作主となるのは火照命を祖とする隼人たちであり、対象となるのは火遠理命を祖とする天皇である。「仕奉」する隼人とその対象となる天皇は「今」にのみ関わるものであり、物語世界と「今」との二重性が、語りによって表現されている。

　ここにおいて、物語とは異なった次元を提示するものとして、語りの「今」が表出している。ここでの「今」は物語に対して付加的なものではなく、物語をかたちづくるものとして認められるのである。

　なおここで注意するべきであるのは、これらの「今」の例には、「於今」型の書式をとるものと「至今」型の書式をとるものとが存することである。右にみた二例は、その典型である。ただし、「於今」型には、「於」の表記されない例もある。

　「於今」型書式は物語のなかに登場するものが「今」においていかなるものであるのかを述べたり、物語を起源とする諺を提示するものである。そのため、物語に対する付加的な説明のようにみられうる。しかしながら、付加ではなくむしろ物語世界を語りの立場からかたちづくるものとしてある。また、「至今」型書式は、物語のなかのある動作や状態が「今」にまで継続することを示す。そのため、「今」を含むものではあるが、「於今」型書式で提示される内容とは異なり、物語の時間から語りの「今」にまで、事態がそのまま継続しているとも受け取られるかもしれない。しかし、物語において個別の存在に関わってあった動作や状態が、語りの「今」において、その主体や対象が置き換えられている。右の例でいえば主体は火照命から隼人、対象は火遠理命から天皇へと、それぞれ置き換えがある。もちろんこれは、まったく無関係なものに置換されるのではなく、物語の中の主体・対象を始発とする集団へと換わるのである。

つまり、「於今」型は体言に関わって使用され、個別な存在が物語と語りとにおいていかにあるかを提示するものである。「至今」型は用言に関わって使用され、その対象や主体を置換しつつ、物語中のある動作や状態が「今」にまで拡大・敷衍する機能をもつものとしてある。[3]

このように古事記のなかでは、会話文においても地の文においても「今」の使用が多くみられる。その一方で、「昔」「古」の使用はほぼ皆無といってよい。「古」は会話文に一例、「昔」も地の文に一例を認めるのみである。「昔」の使用例は左のように、

又、昔、有㆓新羅国王之子㆒。名、謂㆓天之日矛㆒。是人、参渡来也。　（中巻　応神天皇）

語りの立場から物語を「昔」とよぶのではなく、「昔」のあとに語られる話がそれまでの物語中の時間軸と前後することを提示するものとしてある。つまり、語りの「今」はあるものの、それに対応するべき物語そのものをいう「昔」「古」は、作品のなかに示されない。

これは、この作品の名称が「古」事記としてあることとも無縁ではあるまい。作品そのものが「古」たるものとして前提的に示される。とすれば、それを語るものは「今」にほかならない。そのため、物語＝古を語る立場を提示するときに「今」を示すのであり、だからこそ物語そのものを敢えて「古」あるいは「昔」とよぶことがないのではないか。

かくして、語りの「今」は、古事記のなかにおいて、物語の世界を定位するものとして機能するのである。

三　日本書紀の時間表現

まず、以下のように日本書紀のなかでの例、

(1)昔日本武尊、向レ東之歳、停二尾津浜一而進食。是時、解二一剣一置二於松下一、遂忘而去。今至二於此一、剣猶存。
（日本書紀　巻第七　景行天皇　四十年是歳）

(2)蛇酔而睡。素戔嗚尊乃以二蛇韓鋤之剣一、斬レ頭斬レ腹。其斬レ尾之時、剣刃少欠。故裂レ尾而看、即別有二一剣一焉。名為二草薙剣一。此剣昔在二素戔嗚尊許一、今在二於尾張国一也。（日本書紀　巻第一　神代上　第八段一書第三）

をもって考えてみたい。

(1)(2)はともに、「昔」と「今」とが相対的に使用されている。しかしながら、その在りようは大きく異なる。

(1)は、日本武尊が胆吹山から尾張に戻り、伊勢の尾津に到着した場面であり、かつて日本武尊が「向東」の年に尾津の浜で食事をし、そこで剣を置いたまま忘れていたことが語られる。日本武尊が大和から東方へ出発したのは景行天皇四十年十月壬子朔癸丑であり、戊午に「枉道」をして伊勢に立ち寄っている。そこで叔母の倭姫命に面会し、草薙剣を授けられたのち、同じ年に駿河に到着する。しかしながら、ここまでの物語の内容のなかで「尾津」についてはまったく触れられることなく、当然、尾津の浜での食事も剣の一件も語られない。ここでの「昔」は、日本武尊が東方へ行こうとしていたときのことを語る指標として機能している。時間の流れは〈大和を出発→尾津で剣を忘れる→東方平定→尾津に戻る〉であるが、出来事を語る順序は〈大和を出発→東方平定→尾津に戻る→尾津で剣を忘れる〉となっている。ジュネット（一九七二）の定義によるところの補完的後説法[4]で

ある。このような、時間を戻すものとして「昔」が置かれる。そして、物語の現時点に話を戻すものとして「今」が置かれ、忘れられていたその剣がなお松の下に残っていたことが語られる。かくして、「昔」と「今」とは物語内部においてその機能を果たす。

これに対し、(2)は、素戔嗚尊が大蛇の尾を斬り裂いて草薙剣を見つけ出したときのことで、素戔嗚尊のもとに剣があったときのことを「昔」、尾張に剣が移されたときのことを「今」としている。この「今」については、第八段一書第二に、

素戔嗚尊抜レ剣斬之。至二斬レ尾時一、剣刃少欠。割而視レ之、則剣在二尾中一。是号二草薙剣一。此今在二尾張国吾湯市村一。即熱田祝部所レ掌之神是也。

とあるのが参考になるだろう。つまり、(2)の「今」は物語内容から離れた語りの時点を示すものとして理解される。このように、同じく「昔」と「今」との対応関係であっても、(1)は物語内部での出来事を語るときの配列にかかわるものであり、(2)は物語と語りとのちがいを示すものとしてある。

さらに、古事記と日本書紀とを比較して考えたい。

(3) 又、吉野之国主等、瞻二大雀命之所レ佩御刀一歌曰、

本牟多能　比能美古　意富佐耶岐　意富佐耶岐　波加勢流多知　母登都流芸　須恵　布由　布由紀能　須加良賀志多紀能　佐夜佐夜

又、於二吉野之白檮上一、作二横臼一而、於二其横臼一醸二大御酒一、献二其大御酒一之時、撃二口鼓一、為レ伎而、歌曰、

加志能布邇　余久須袁都久理　余久須邇　迦美斯意富美岐　宇麻良爾　岐許志母知　袁勢　麻呂賀知

此歌者、国主等献二大贄一之時々、恒至二于今一詠之歌者也。　（古事記　中巻　応神天皇）

(4)　十九年冬十月戊戌朔、幸㆓吉野宮㆒。時国樔人来朝之。因以㆓醴酒㆒献㆓于天皇㆒、而歌之曰、
　　伽辞能輔珥　予区周塢菟区利　予区周珥　伽綿蘆淤朋瀰枳　宇摩羅珥　枳虚之茂知　塢勢　摩呂餓智
　　歌之既訖、則打㆑口以仰咲。今国樔献㆓土毛㆒之日、歌訖即撃㆑口仰咲者蓋上古之遺則也。
　　　　　　　　　　　　（日本書紀　巻第十　応神天皇　十九年十月戊戌朔）

これらは、いずれも吉野のクニス（古事記では「国主」、日本書紀では「国樔」）らが御酒を献上し、そのとき歌を詠ったさまを語るものである。物語の内容や歌謡の細部に差異がみられるが、ここではそれに触れず、「今」および「古」「蓋」に注目したい。

どちらも、物語で吉野のクニスが歌を詠うことについて、それが「今」の起源としてあることを語る。このとき、まず注意されるのは、古事記が「今」のみに言及しているのに対し、日本書紀では「今」と、その起源としての「古（上古）」とを対置することで両者の相対化をなしている点である。日本書紀においても「今」にのみ言及するものは多い。しかし、先にみたとおり、古事記において地の文で「古」あるいは「昔」が物語を概括して示す例は皆無である。つまり、古事記では物語に対して常に「今」からの語りがなされるのみであるのに対し、日本書紀では語りの位置を示す「今」と物語を概括する「古」との相対的な様相を看取することができる。日本書紀の「今」がすべて、「古」「昔」と明示的な対比をもって使用されるわけではない。「古」「昔」の使用についても同様である。しかし、示される「今」と相対的な「古」「昔」、あるいは「古」「昔」に対する「今」が無標であっても常に意識されているものと理解するべきである。

また、古事記が物語に注を付すようにして「今」のことを語るのに対して、日本書紀は「今」のことを主とし、「上古」としての物語を「今」の起源として語る。それぞれの作品全体に敷衍するわけではないけれども、ここ

には、物語を主とする古事記と語りを主とする日本書紀とのちがいの一端をもみてとれる。

かつ、日本書紀においては「蓋」として、物語における出来事が「今」のことと直結されず、語り手の判断としてあらわれていることに注意される。このような語り手の推測も、古事記にはまったくみられない。さらに、「昔」「古」の世界には「時人」[5]が、「今」の世界には「世人」という、事態の観測者が提示される。これもまた、古事記にはみられない。このような語りの方法のちがいは、古事記と日本書紀とにおける作品としての質の差異と理解される。

このように、「今」や「昔」「古」といった時間を表現する語に注目することは、時間にかかわることも含めて、語りの問題として把握することが可能である。

四　古事記の称と名

ある作品において、任意の登場人物を提示するとき、その名を呼ぶかあるいは称でもって呼ぶか、大きく二つの方法がある。それが地の文で行われるとき、その選択は語りによるものである。また、会話文中における選択は、物語内部のレベルでは発話者によるものといえるが、物語自体が語りによってなされる以上、根源的には語りによって行われているとみるべきであろう。そして、古事記では、ある登場人物の提示の方法が物語の内容と深く結びつくところがある。つまり、名あるいは称の提示は、物語る行為の一部としてある。

たとえば、上巻・大国主神の段では、大国主神に対して異なる五つの名が示される。

此神、娶二刺国大神之女、名刺国若比売一、生子、大国主神。亦名、謂二大穴牟遅神一【牟遅二字以音】、亦名、謂二葦原色許男神一【色許二字以音】、亦名、謂二八千矛神一、亦名、謂二宇都志国玉神一【宇都志三字以音】、幷有五名。

大国主神は、その物語の始まりでは「大国主神」と記されるものの、続く物語は「大穴牟遅神」についてのものである。

故、此大国主神之兄弟、八十神坐。然、皆、国者、避二於大国主神一。（中略）於二大穴牟遅神一負レ袋、為二従者一率往。

ここでは、物語を語り始めるに際し、その結論として「国者、避二於大国主神一」が提示される。そのうえで、物語の端緒において「大穴牟遅神」がその名として示されるのである。そして、その神が根之堅州国へと赴き、「大神」（須佐之男命）と会ったとき、「葦原色許男命」と呼ばれる。

爾、其大神、出見而告、此者、謂二之葦原色許男命一

さらに、根之堅州国から葦原中国へと逃げる際、「大国主神」「宇都志国玉神」となることを命じられる。

意礼【二字以音】為二大国主神一、亦為二宇都志国玉神一而、其我之女須世理毘売為二適妻一而、於二宇迦能山【三字以音】之山本一、於二底津石根一宮柱布刀斯理【此四字以音】、於二高天原一氷椽多迦斯理【此四字以音】而居。

その後、高志国の沼河比売に求婚する際は、「八千矛神」と表記される。

此八千矛神、将レ婚二高志国之沼河比売一幸行之時、（略）

以上をみると、任意の対象を「大国主神」と呼ぶとき、国土を領有するべき英雄神としてそれは位置づけられる。一方、「大穴牟遅神」は、その前段階である。「葦原色許男命」「宇都志国玉神」は、物語のなかでは大神（須佐之男命）の発言にのみ提示される。しかしながら、物語に先立つ系譜叙述においてその名が示される。つまり地

の文では、「大国主神」の在りようのひとつとして把握されている。

このように、ある神・人を呼ぶとき、その呼び方には物語との密接な関係がある。それは、語りが物語をいかにかたちづくるか、という問題としても捉えることが可能である。

右の例では、ある神の名の使用についてみたが、名が明確であるにもかかわらず、その名を示さない例もある。中巻・垂仁天皇条の本牟智和気御子と、同じく中巻・仲哀天皇条の品陀和気命とである。いずれも、系譜記述を除き、物語においては「(大)御子」あるいは「太子」(品陀和気命のみ)と提示され、名の現れることがない。(6)

たとえば「父」とあれば、それに対する「母」「子」などが想起される。あるいは、「天皇」「大臣」「舎人」は、ある職能を示すものである。つまり、称にはその対象を措定する機能がある。とすれば、任意の対象を名で示さず称でのみ呼ぶ場合、その対象は常に称によって措定され続けることになる。

古事記における「御子」は、皇統に属する正統性に基づく語である。「御子」のなかにある「子」は、それに対する「母」あるいは「父」との関係を提示する。物語における本牟智和気御子は、皇統に対する反逆者である母をもつ。「御子」でありながら天皇に即位できないのは、その母の存在が大きいものと考えられる。しかし、出雲大神の祟りを身に受けながら、天皇の「御子」としてそれを克服する。品陀和気命は、天照大御神・墨江之三前大神の意に背き落命した天皇の「御子」である。そして、母である息長帯日売命(神功皇后)の胎中にあって新羅国を平定する。品陀和気命が仲哀天皇条において「御子」と呼ばれ続けるのは、やがて「天皇」として即位するその成長過程を描くためのものと考えられる。とすれば、同じく称でのみ呼ばれ続ける二人の皇子ではあるが、その意味するところは大きく異なる。

このように、地の文・会話文を問わず、名あるいは称がいかに示されるかについて考えることで、作品における語りの方法を考えることが可能である。

五　口述と語り・語り手

以上、物語をなすものとしての語りの機能を中心として、古事記および日本書紀におけるその方法をみてきた。なおここでは、論者の立つところを明確にしておきたい。というのも、「語り」という語が一方で口頭による音声表現としての印象をもちうるためである。一例として、三浦佑之（二〇〇二）および三浦（二〇〇三）を挙げる。三浦（二〇〇三）は古事記という「テキスト」について「書かれた古事記の背後には音声による語りが息づいていると考える（傍線、引用者）」と述べる。これは、三浦の論理として、語り部の語る神話・伝承があり、古事記はそれを文字化したもの、という考えがあるためと判断される。[7] 三浦（二〇〇二）がその文体を古老の一人称としたのは、そのような見解に基づくものと考えられる。三浦のいうところの「語り」とは「音声表現」に近い。論者の用いる語としての語りとはその論理が異なるため、以下、音声表現としてのそれを《語り》と称することにする。

そして、三浦の論における《語り》は「王権における語り部」（三浦・二〇〇二）によって支えられるものとしてある。すなわち、現実の存在としての「語り部」による生の声が《語り》として存する、という理解である。先に論者は、日本書紀における「語り手」の表出について言及した。そこでの「語り手」は語りの機能としてあるもので、生身の存在としての理解ではない。「語り部」は作品に先行するものとして設定されているが、本論文でいうところの「語り手」は作品を読むこと、あるいは物語と語りの関係を考えたときにのみ、みいだされるものである。つまり、「語り手」と「語り部」とは別の次元において把握される。論者の設定する「語り手」は作品の内部において表出するものであって、作品外において前提的に存在するものと同一ではない。語りの視点によって立体化されるものである。

三浦（二〇〇三）で、おそらくは従来の作品論的研究への批判として、その論の方向を「古事記という固有のテキストのなかに閉じこもろうとするものではなく、古事記を外に開いてゆこうとする試み」と主張する。その意図自体は、論者も類似した問題意識をもつものではある。しかしながら、その方法は大きく異なることを、あらためてここで述べておく。論者の目指すところは、オーラルあるいはフォークロアとしての《語り》を考えることではなく、物語論＝ナラトロジーのなかでの語りの考究である。そしてそれは、作品の表記からのみ読み取ることの可能なものであると考えている。

このように、オーラルな《語り》とナラティブな語りとのちがいは明確である。それを考察することは、たとえば古事記を考察の対象とするとき作品に先行して存在する伝承を設定するか、また作品自体に内在するものに限定してその表現の機能するところを読み取るか、というちがいでもある。いずれの優劣を問うべきものではなく、現象をいかに捉えるか、その根底にあるものの差である。

注

（1）身崎の設定する「語り手」の概念は、「社会的・歴史的存在としての、文芸作品の制作者・生産者をさす」ものであるところの「作家」ではなく、「表現の主体」を指すものとしてある。

（2）たとえば、ジュネット（一九七二）は、右に論者が「作品」として示したものを「物語」と呼ぶ（ただし、個々の作品というよりは、それらをより抽象化した「作品群」としての意味に近い)。他方、ジュネット自身が言及するとおり、「物語」という語は「語られたもの」や「語られたその対象」のそれぞれをも意味することがある。

(3) これらには、それぞれ異例が一例ずつみられる。第一章第三節では、それらについても考察を行っている。

(4) ジュネット(一九七二)の定義によれば、出来事を語る順序が線条的な時間軸と不整合であるような語り方が「錯時法」である。錯時法は、「先説法」、すなわちあとから生じる出来事をあらかじめ語るようなものと、物語内容のある時点から遡る時点の出来事のことをあとになってから語る「後説法」とに分類される。この「後説法」のうち、物語内容の過去の部分における欠落をあとになってから満たすものが「補完的後説法」であり、すでに語られた出来事を再度語るものが「反復的後説法」である。

(5) 一例のみ「時賢」(巻第二十七　天智天皇　八年冬十月丙午朔乙卯)の使用がある。機能は「時人」に同じ。

(6) この二人の皇子の呼ばれ方については、松本弘毅(二〇〇五)に指摘されている。

(7) 三浦(二〇〇二)のあとがきのなか、三浦は「本書一冊が手元にあれば、誰もが古事記のすべてを理解でき、原文に戻る必要などないという、私が思い描いていた理想の書物に近づけることができた」と述べている。ここからは、作品の原初に口頭で伝えられたものの世界を設定し、それを古事記から読み取ろうとする三浦の営為が示されている。

引用文献

小村宏史(二〇一一)「神話と現実―神話テキストへの接近―」(『國學院雑誌』112―11　二〇一一年一一月)
神野志隆光(一九八三)『古事記の達成』(東京大学出版会　一九八三年九月)
松本弘毅(二〇〇五)「本牟智和気御子と垂仁記」(『早稲田大学大学院文学研究科紀要(第3分冊)』30　二〇〇五年二月)
三浦佑之(二〇〇二)『口語訳　古事記[完全版]』(文藝春秋　二〇〇二年六月)
三浦佑之(二〇〇三)『古事記講義』(文藝春秋　二〇〇三年七月)

身崎壽　（二〇〇五）『人麻呂の方法　時間・空間・「語り手」』（北海道大学図書刊行会　二〇〇五年一月）
ジュネット（一九七二）　ジェラール・ジュネット『物語のディスクール　方法論の試み』（一九七二年　花輪光・和泉涼一訳　水声社　邦訳一九八五年九月）

参考文献

西郷信綱　（一九六七）『古事記の世界』（岩波書店　一九六七年九月）
吉井巌　（一九六七）『天皇の系譜と神話　（三）』（塙書房　一九六七年一一月）
オニール　（一九九四）　パトリック・オニール『言説のフィクション』（一九九四年　遠藤健一訳　松柏社　邦訳二〇〇一年二月）
シュタンツェル（一九八四）　フランツ・K・シュタンツェル『物語の構造』（一九八四年　前田彰一訳　岩波書店　邦訳一九八九年一月）
ハンブルガー（一九七七）　ケーテ・ハンブルガー『文学の論理』（一九七七年　植和田光晴訳　松籟社　邦訳一九八六年六月）
プリンス　（一九八二）　ジェラルド・プリンス『物語論の位相―物語の形式と機能―』（一九八二年　遠藤健一訳　松柏社　邦訳一九九六年一二月）

第一章　古事記の時間表現

第一節　古事記上巻の「天下」

序

「天下」という語に着目することから始めたい。指摘されてきたように、古事記をはじめとする古代の作品においてこの語は「政治色の濃い世界」（戸谷高明・一九七六）として使用され、「ほとんどすべてが、天皇の統治のことを語る文脈に表れている」（遠山一郎・一九八二）といったような、天皇王権にかかわる政治的な思想性を負ったものとしてある。注意されるのは、古事記において「天下」は、神話的世界である「葦原中国」と呼応して用いられ、その「葦原中国」から連続する世界として設定されているということである。

古事記での「天下」の例がほぼ中・下巻に集中するのに対して上巻には原則として「天下」という語はあらわれず、世界を示す言葉としては「葦原中国」が専用される。その「葦原中国」は、天照大御神によって、

豊葦原之千秋長五百秋之水穂国者、我御子、正勝吾勝勝速日天忍穂耳命之所レ知国

（上巻　忍穂耳命と邇々芸命）

とされる、天神御子が降る対象として描かれ、天神御子の降臨以降「天皇」の登場によって初めて「天下」が用いられる。その「天下」は、

故、御真津日子訶恵志泥命者、治二天下一也。（中巻　懿徳天皇）

とされる統治の対象であり、また、

於是、大山守命者、違二天皇之命一、猶欲レ獲二天下一、有下殺二其弟皇子一之情上、窃設レ兵、将レ攻。（中巻　応神天皇）

のように簒奪を企図される対象としてあり、さらには、

於レ是、二柱王子等、各相二譲天下一。（下巻　清寧天皇）

と、譲られるものとしてある。「天下」は政治的な世界であり、それはある天皇から次代の天皇へと継承されるものとして存在する。

このように、天皇の祖先神である天神御子が降臨するべき神話世界は「葦原中国」と措定され、その子孫たる天皇の統治する現実世界は「天下」として提示される。古事記において、神話世界から現実的な政治世界へと連続する時間の叙述がその主目的であるとするならば、「葦原中国」から「天下」への転換は、確かにひとつの手段として「神の世界」と「人の世界」とを連結しているといえるだろう。

そうした古事記のなかにあって、

故、顕二白其少名毘古那神一所レ謂久延毘古者、於レ今者山田之曾富騰者也。此神者、足雖レ不レ行、尽知二天下之事一神也。（上巻　大国主神）

と、上巻にただ一つ「天下」の語がみえることに格別の注意をはらっておく必要がある。神話世界を語る上巻に

郵　便　は　が　き

料金受取人払郵便

天王寺支店
承　認
922

差出有効期間
平成26年８月
１日まで

（切 手 不 要）

ただし有効期限が過ぎましたら切手を貼ってください。

5438790

〈受取人〉

大阪市天王寺区上之宮町七―六

大阪　和泉書院　行

このハガキを、小社へのご意見またはご注文にご利用下さい。

お買上書名	

＊本書に関するご感想をお知らせ下さい。

＊出版を希望するテーマをお知らせ下さい。

今後出版情報のＤＭを　希望する・希望しない

お買上書店名	区市町	書店

ご注文書

月　　日

書　　名	定　価	部　数
	円	部
	円	部
	円	部
	円	部
	円	部

お名前《ふりがな》

〒　□□□-□□□□　電話

ご住所

ご職業　所属学会等

メールアドレス

公費・私費（直接注文の際はお知らせ下さい）	ご必要な公文書（公費の際はご記入下さい） 見積書□通　納品書□通　請求書□通　日付　要・不要	公文書の宛名

（このハガキにてご提供の個人情報は、商品の発送に付随する業務・出版情報のご案内・出版企画に関わるご連絡以外には使用いたしません。）

配本は、AかBに○印をつけて下さい。

A．下記書店へ配本。（このご注文書を書店にお渡し下さい）

（書店・取次帖合印）

書店様へ＝書店帖合印を捺印の上ご投函下さい。

B．直接送本。

代金（書籍代＋送料・手数料）は、現品と引換えにお支払下さい。送料・手数料は、書籍代定価合計5,000円未満800円、5,000円以上無料です。

和泉書院

http://www.izumipb.co.jp

E-mail : izumisyo@silver.ocn.ne.jp

☎ 06(6771)1467　FAX 06(6771)1508

政治世界である「天下」が使用されることにはなんらかの理由がみいだされねばなるまい。これまでも当該の「天下」については言及がある。遠山（一九八三Ａ）では、

このばあいのアメノシタは、クエビコの知識が及ぶ範囲を指すと解して誤りではない。しかし、古事記の文脈においては、スクナビコナの条以前に確立していた、大国主の地位を勘案する必要がある。大国主は「八十神」を征服し、地上界を平定したと語られる。クエビコは、この大国主に「召」されるのであるから、「従へる諸の神」と同じく、従属神の一柱であったと思われる。したがって、クエビコの知識の及ぶアメノシタは、大国主が統治する領域を指すと考えられる。

とあって、物語に回帰させ、「天下」が大国主神の統治する世界であるとする。そして、ここで「天下」の語が使用される必然性については、「大国主・大己貴のもとの伝承の用語が痕跡をとどめたもの[1]」とする。

また神野志隆光（一九八四）は、

（引用者注―久延毘古の知る「天下」について）古事記にあってこれのみが天皇の統治領域のこととはいえない「天下」の例なのである。これを（中略）「大国主の支配領域」（遠山氏）などでなく、広く〈アメ〉＝「高天原」の下の世界、すなわち〈クニ〉の世界全体に及ぶものとしての「天の下」と見るべきだと私は考える。

と指摘し、当該の「天下」は大国主神の統治領域のことではなく、「高天原の下」の意であって、遍く地上世界を神話的に提示していると述べる。

確かに当該の箇所は異質である。伝承の残存として捉えることも、広く高天原の下とみることも可能であるように思われる。しかしながら、そういった場合には「葦原中国」と「天下」とを使い分けるのが古事記のあり方であったはずである。神話世界を語る上巻の物語において、政治世界である「天下」は未だ現出していない。

「天下」の語を使用する必然性は、物語に照らせばないといわざるをえない。とすれば、遠山や神野志とは別な見地の把握が求められよう。

この点で、松本直樹（二〇〇三）が、

（引用者注―上巻の孤例は）神代における「天下」の例ではない。ここは、クエビコについての本文注であって、神代の時間軸からは外して読むべきである。古事記が書かれ、読まれている「今」、クエビコがどうあるかを説明しているに過ぎない。（中略）オホナムチとの関係で紛れ込んだ可能性がある。これも日本書紀的な漠然とした地上世界全体の意味であったと思う。

と指摘するのは注目される。論者もまた、松本の驥尾に付し、「今」を考慮に入れることによって上巻における「天下」の考察を試みたい。当該の箇所は物語に還元した解釈をするのではなく、むしろ地の文において、物語とは異なるものとしての語りが表出しているとみるべきであろう。それはまた、古事記という作品全体にかかる問題としてあることを認めるべきである。そこにおいて、当該の「天下」が、竄入でも錯乱でもなく、古事記のなかで語りの立場からそうあることの必然を見極めなくてはならない。

古事記の「天下」が天皇の統治と関連して用いられるものであるとすれば、未だ天皇の出現しない上巻にあって、「天下」を使用することはおよそ唐突であるという印象が拭えない。けれども、その唐突さは、それだけにかえって、古事記がそうしたかたちであることを必要としたのではないかと考えられる。

このような問題意識から、かかる上巻の「天下」の使用を見定め、またそこから古事記における語りの射程をはかりたい。

一　上巻における「天下」

上巻における「葦原中国」と中・下巻における「天下」は相応じるものといえよう。「葦原中国」は天皇が出現する以前の世界であり、「黄泉国」や「高天原」といった異界とのかかわりにおいてその存在が明確になる。それに対して「天下」は「葦原中国」と同じく地上世界を意味する語でありながら、異界と関連するかたちではあらわれず、天皇の支配する世界として描かれる（神野志・一九八五等）。

このように上巻の「葦原中国」と中・下巻の「天下」とが古事記全体の世界観の中心をなすものであるとすれば、神話的世界を語る上巻での「天下」はどのように解釈されるべきであろうか。その使用を作品に沿って考察したい。

故、大国主神、坐二出雲之御大之御前一時、自二波穂一、乗二天之羅摩船一而、内二剝鵝皮一剝、為二衣服一、有二帰来神一。爾、雖レ問二其名一、不レ答。且、雖レ問二所レ従之諸神一、皆、白レ不レ知。爾、多邇具久白言、此者、久延毘古、必知之、即召二久延毘古一問時、答白、此者、神産巣日神之御子、少名毘古那神。故爾、白二上於神産巣日御祖命一者、答告、此者、実我子也。於二子之中一、自二我手俣一久岐斯子也。故、与二汝葦原色許男命一為二兄弟一而、作二堅其国一。故自レ爾、大穴牟遅与二少名毘古那二柱神、相並作二堅此国一。然後者、其少名毘古那神者、度二于常世国一也。故、顕二白其少名毘古那神一所レ謂久延毘古者、於レ今者山田之曾富騰者也。此神者、足雖レ不レ行、尽知二天下之事一神也。

於是、大国主神愁而告、吾独何能得レ作二此国一。孰神与レ吾能相二作此国一耶。是時有二光レ海依来之神一。其神言、能治二我前一者、吾、能共与相作成。若不レ然者、国、難レ成。爾、大国主神曰、然者、治奉之状、奈何、答言、吾者、伊二都岐奉于倭之青垣東山上一。此者、坐二御諸山上一神也。

（上巻　大国主神）

右は、大国主神が須佐之男命の許から帰還し、クニヅクリをする場面である。大国主神は、根之堅州国の大神たる須佐之男命からクニヅクリのコトヨサシを受ける。しかし、一人で国を作ることができず、出雲の御大の御前にいると、海から名前のわからない小さい神がやってくる。諸神に尋ねるが正体は不明であり、結局、久延毘古によってその神の名「少名毘古那」が判明し、神産巣日御祖命の命を受けた少名毘古那神は、大国主神と共同でクニヅクリをおこなう。

ここで問題となるのは、傍線部を施した二つの文である。第一の文では、少名毘古那神の正体をあきらかにした久延毘古について、これが今の「曾富騰」、すなわち案山子であることを述べる。そして第二の文では、この神（久延毘古）が歩くことはできないけれども、「天下之事」をすべて承知である、と語る。

久延毘古の知識の及ぶ範囲は「葦原中国之事」ではなく、なぜ「天下之事」であったのか。より作品に即したかたちでの解釈が必要であるため、久延毘古について記述された部分を詳細に分析してみたい。

①然後者、其少名毘古那神者、度二于常世国一也。

②故、顕二白其少名毘古那神一所レ謂久延毘古者、於レ今者山田之曾富騰者也。

③此神者、足雖レ不レ行、尽知二天下之事一神也。

まず、大国主神のクニヅクリが未だ終わらないままに少名毘古那神が常世国に去ってしまった、と①が一旦終わる。そのあと、「その少名毘古那神の正体をあらわした久延毘古」は「今の曾富騰である」という②の文が続く。そして、「この神は、歩けないけれども、天下のことを皆知っている神である」と、③の文が②の文を承ける。①の文は大国主神と少名毘古那神のクニヅクリに関する物語であるが、それに対して②は先に登場した久延毘古についての注釈、すなわち語りの箇所と判断される。

「故」を承け、①から②にかけて、文の主語は少名毘古那神から久延毘古へと転換する。その久延毘古は「今」の曾富騰に比定される。②でいう「今」は物語のある時点を示すものではなく、物語を外から語る「今」である。①では文の主語は少名毘古那神であり、また①の文全体は物語の一部分としてある。これに対して、②では文の主語は久延毘古へと替わり、文全体は、語りの「今」から物語に登場した「久延毘古」を解釈するものとして記述されている。このような物語の時間とそれを語る時間という懸隔が①と②との間には存在するのである。

物語を語る立場としての「今」である②を承けて、③では「この神は歩くことはできないが、天下のことをすべて知っている神である」とする。③の「此神」とは少名毘古那神を指すものではなく久延毘古を指している。また、①の文に対する久延毘古の注釈的記述が、たとえば、

故、顕二白其少名毘古那神一所レ謂久延毘古者、足雖レ不レ行、尽知二天下之事一神也。

のように、物語の時間から連続するかたちで記述されるのではなく、②の文が物語から独立して記され、さらにその②に承接するかたちで③の文があることに注意しなければなるまい。①において少名毘古那神はすでに常世国へと旅立った。そして②において、その少名毘古那神の正体をあきらかにした久延毘古は「今」の案山子であるとされる。その案山子であることを承けて、③では「足雖レ不レ行」とされる。また、諸神も知らなかった少名毘古那神について久延毘古がその名をあきらかにした、という物語の内容の注釈として「尽知二天下之事一神也」と説き及ぶのである。この③の文は物語の内容を敷衍するものではあるけれど、「於レ今者」とされる②の文と時間軸を同じくするものとしてある。すなわち、③は物語の一部として語られるのではなく、②と同様に語りの

「今」から物語を注釈するものである。ここに、久延毘古の知識の及ぶ範囲が「葦原中国」ではなく「天下」である必然性が存すると指摘しうる。語られるのは「今」であり、神話世界ではない。とすれば、「今の曾富騰」の知るものが「葦原中国」であってはならず、あくまで「天下」でなければならないのである。

二　古事記の「今」

古事記においては、物語の文脈に対してしばしば「今」からの注釈がおこなわれる。物語る「今」は、物語の時間とは別個のものとして存する。しかしながら、物語と語りの「今」とはまったく無関係なものとしてあるのではない。物語の時間を保証するものとして「今」はあるといえる。西郷信綱（一九七五）は、

> 神話は現実の制度や習俗や信仰の由ってくるところを起源的に説明しようとする働きをもつ、とよくいわれる。これをしかしたんに因果的と解してはならぬ。その関心はかつてあったことにではなく、むしろ今ある諸関係に向けられる。というのも、今ある諸関係にはそれぞれイハレがあったからで、つまりそのイハレが神話なのだ。

と指摘する。単に起源として物語があるのではなく、むしろ「今」こそが語ることをなさしめるのだ、といえる。作品のなかで、物語は語る行為を必要とするのである。問題は、その必然性と語りの態度とにある。

古事記中に語りの「今」があらわれるものは、次の二八例である。

(1)故、其所レ謂黄泉比良坂者、今、謂二出雲国之伊賦夜坂一也。（上巻　伊耶那岐命と伊耶那美命）

(2)【此謂二赤加賀知一者、今酸醬者也。】（上巻　天照大御神と須佐之男命）

(3)故、其地者、於レ今云二須賀一也。（上巻　天照大御神と須佐之男命）
(4)此、稲羽之素菟者也。於レ今者謂二菟神一也。（上巻　大国主神）
(5)如此歌、即為二宇伎由比一而、宇那賀気理弖、至レ今鎮坐也。（上巻　大国主神）
(6)此之阿遅鉏高日子神者、今謂二迦毛大御神一者也。（上巻　大国主神）
(7)故、顕二白其少名毘古那神一所レ謂久延毘古者、於レ今者山田之曾富騰者也。（上巻　大国主神）
(8)故、於レ今、諺曰二雉之頓使一本、是也。（上巻　忍穂耳命と邇々芸命）
(9)故、於レ今海鼠口、析也。（上巻　忍穂耳命と邇々芸命）
(10)故是以、至二于今一、天皇命等之御命、不レ長也。（上巻　忍穂耳命と邇々芸命）
(11)故、其一尋和邇者、於レ今謂二佐比持神一也。（上巻　日子穂々手見命と鵜葺草葺不合命）
(12)故、至レ今其溺時之種々之態不レ絶、仕奉也。（上巻　日子穂々手見命と鵜葺草葺不合命）
(13)故、号二其地一謂二楯津一。於レ今者、云二日下之蓼津一也。（中巻　神武天皇）
(14)故、号二其地一謂二伊杼美一。【今謂二伊豆美一也】（中巻　崇神天皇）
(15)故、号二其地一謂二屎褌一。【今者謂二久須婆一】（中巻　崇神天皇）
(16)故、号二其地一謂二懸木一。今、云二相楽一。（中巻　垂仁天皇）
(17)故、号二其地一謂二堕国一。今、云二弟国一也。（中巻　垂仁天皇）
(18)其登岐士玖能迦玖能木実者、是今橘者也。（中巻　垂仁天皇）
(19)故、於レ今謂二焼遺一也。（中巻　景行天皇）
(20)是四歌者、皆歌二其御葬一也。故、至レ今、其歌者、歌二天皇之大御葬一也。（中巻　景行天皇）

(21) 故、四月上旬之時、女人、抜二裳糸一、以レ粒為レ餌、釣二年魚一、至二于今一不レ絶也。（中巻　仲哀天皇）

(22) 故、亦、称二其御名一号二御食津大神一。故、於レ今謂二気比大神一也。（中巻　仲哀天皇）

(23) 故、号二其浦一謂二血浦一。今謂二都奴賀一也。（中巻　仲哀天皇）

(24) 此歌者、国主等献二大贄一之時々、恒至二于今一詠之歌者也。（中巻　応神天皇）

(25) 穴穂王子、亦、作二兵器一。【此王子所レ作之矢者、即今時之矢者也。是、謂二穴穂箭一也。】（下巻　允恭天皇）

(26) 【此、云二山多豆一者、是今造木者也。】（下巻　允恭天皇）

(27) 亦副二五處之屯宅一以献。【所レ謂五村屯宅者、今葛城之五村苑人也。】（下巻　安康天皇）

(28) 是以、至二于今一、其子孫、上二於倭一之日、必自跛也。（下巻　顕宗天皇）

なお、こうした語りの「今」を含む文と類似の叙述形式をとる、

　故、諺曰、不レ得レ地玉作也。（中巻　垂仁天皇）

のような例もあるが、本節では「今」の語をもつもののみを考察の対象とする。

さらに、地の文で使用されるが、語りの「今」ではなく物語のなかでの時間を指示する用法もみられる。

　然、是御子、八拳鬚至二于心前一、真事登波受。故、今聞二高往鵠之音一、始為二阿芸登比一。（中巻　垂仁天皇）

　故、為二人民富一、今科二課役一。（下巻　仁徳天皇）

の二例がそれにあたる。粂川光樹（一九七五）はそれぞれについて「今」以外の字である可能性を示しつつも態度を保留している。また、これまでの注釈書の多くはこれらを「今」と認めたうえで、内話文に類するものとして解釈を示している。これらに対し、吉野政治（二〇〇七）は、右の二例が地の文にあらわれた物語における任意の時点を示す用法であると論じた。その論拠として、古事記における会話文ではその前後に「詔」「白」「告」

「問」「言」等の発話を示す語が付くことで、その内容が物語における登場人物の発言であると明確になっていること、内話文であるときにも「思」「念」「欲」「以為」等の語が付されることを述べる。さらに、日本書紀においても類例があることを示し、当該の例がそれと同様のものであることを論じた。吉野（二〇〇七）の言及を承け、当該の二例を語りの「今」ではなく、物語で使用された地の文の例であると認めたい。そのうえで、あらためて語りの「今」について考えることとしよう。

　右に示した語りの「今」の例はいずれも、物語に関する注釈としての機能をもつ。そのため、注釈としての語りの「今」を部分的に抽出し、これを他の文献にみえる事柄と繋げて考察する方法もある。たとえば、黄泉比良坂についての注釈について、『古事記全註釈』では日本書紀における、

　又狗嚙二置死人手臂於言屋社一。【言屋、此云二伊浮溪一。天子崩兆。】（斉明天皇　五年是歳）

を引用し、「これによるとイフヤの社は死の世界と関係のあることが窺はれる」と述べる。また、出雲国風土記中の記事、

　故俗人、自レ古至レ今、号云二黄泉之坂・黄泉之穴一也。（出雲郡宇賀郷）

と古事記の「黄泉比良坂」を関連させ、

　古事記の黄泉比良坂と風土記の黄泉之坂とが共に出雲の国と密着してゐることは、いはゆる黄泉国に関する思想信仰が、元来出雲地方に発生したものではあるまいかと推測されるのである。

として、それらの異なる作品の個別部分を集積し、「出雲」という共通項から古代における思想信仰の考察を展開する。しかしながら、それは古事記の筆録された時代を考えることではあっても、ひとつの作品としての古事記を考えることとは別の問題意識としてあることを認めねばならない。端的にいえば、「記紀を論じるか、記紀

で論じるか」（青木周平・一九九二、傍点ママ）ということになろう。部分を切り出して別の要素を組み合わせること、また部分のみの考察をおこなう方法を論者はとらない。「今」を古事記筆録の時点と捉えるのではなく、古事記のなかにあらわれた語りとして把握するべきであると考えるのである。語りの様相は筆録の状況へ直接に還元されるものではない。そして語りの把握は古事記という作品の全体性にかかわる問題としてあることに、あらためて注意したい。語りの「今」の表出を物語に対する注釈としてのみ捉えるのではなく、なぜその注釈をある場面に対して付さなければならなかったのかと問い直さなければなるまい。

　語りの「今」は注釈としてのかたちをとるため、物語に付随するものであるようにみえる。しかし、作品のなかでは、語りの立つ地平がむしろ物語の在りようを決定すると考えるべきではないか。たとえば上巻・邇々芸命の婚姻の条、

　我之女二並立奉由者、使二石長比売一者、天神御子之命、雖二雪零風吹一、恒如レ石而、常堅不レ動坐、亦、使二木花之佐久夜毘売一者、如二木花之栄一々坐宇気比弖、貢進。此、令レ返二石長比売一而、独留二木花之佐久夜毘売一故、天神御子之御寿者、木花之阿摩比能微坐。

邇々芸命が木花之佐久夜毘売のみを娶り石長比売を退けたことについて、二柱の姫の父である大山津見神は、「石長比売を返し、木花之佐久夜毘売だけを娶ったため、天神御子の御命はこの花の咲き散るがごとく短いであろう」と宣告する。そして、天神御子の命が短くあることを承けて、

(10)故是以、至二于今一、天皇命等之御命、不レ長也。

と「今」からの注釈が付される。物語においては、大山津見神によって「花の咲き栄えるがごとく栄えること」への予祝がおこなわれ、それと表裏をなすかたちで「天神御子の命が花の散るように短くあること」が宣告され

る。この条は、あくまで「天神御子」たる「邇々芸命」についての物語である。「天皇命等」のことではない。ここまでの物語では、邇々芸命は天照大御神の孫ではあるけれど、天皇の祖先神とは未だ位置づけられていない。しかし、古事記の構成が「天神御子」と「天皇」との重層を意図していることを指摘する毛利正守（一九九〇）等の言及を思えば、物語における「邇々芸命」と語りにおける「天皇命等」とは重なるものとしてあると認められる。

この条は邇々芸命の結婚およびそれに伴う栄花と短命の宿命を物語る。この物語が古事記という作品の総体においていかなる価値をもつのかを保証するものとして「今」による語りは存するといえよう。すなわち、語りによって「天皇命等」と「邇々芸命」とが結ばれることにより、邇々芸命の命が短いことは天皇の命が「今」に至るまで短いことの起源とされているのである。それは、日本書紀での類話において、

一云、磐長姫恥恨而唾泣之曰、顕見蒼生者如㆓木花㆒之俄遷転当㆓衰去㆒矣。此世人短折之縁也。

（巻第二　神代下　第九段一書第二）

と、磐長姫を娶らなかったことが「世人」の命の短い由縁である、と説かれていることと対比すればおのずからあきらかであろう。邇々芸命の結婚はただ神話としてのみ語られるのではなく、かくして「今」に至ることとして、天皇と重ねて描かれるのである（なお、「至今」型形式については、本章第三節にて詳説する）。

この箇所を天皇あるいは人の短命起源説話として取り出し、古代の習俗の問題として考えることも確かに可能であろう。また、凡世界的ないわゆる「バナナ型神話」の一類型[2]と捉えることもできるだろう。しかし、本書は成立論的な議論を目的としない。物語と「今」が作品の内部で連関していることに留意したい。「今」を八世紀の現在と捉え、古事記をそのまま、古代という時代性に回帰させてしまっては、作品としての古事記を読むこと

にはなるまい。時代性のなかに拡散してしまいかねない、そのような見地は保留して、論者は古事記を一個の作品として捉えたい。あくまで、古事記の全体のなかである物語が置かれることの意味を、そして、その物語に対して語りの「今」がいかなる機能を果たしているのかと問わなければならない。

「今」による注釈が付されるとき、「今」と物語とは相互に異質なものとして両者の輪郭は浮き彫りにされる。物語は「今」あることの起源として語られ、そしてその「今」は作品内において物語を定位するものとしてある。古事記中巻、垂仁天皇の条において、多遅摩毛理が垂仁天皇の命を承け、「登岐士玖能迦玖能木実」を常世国へと探しに行く段がある。

⒅其登岐士玖能迦玖能木実者、是今橘者也。　（中巻　垂仁天皇）

又、天皇、以㆓三宅連等之祖、名多遅麻毛理㆒、遣㆓常世国㆒、令㆑求㆓登岐士玖能迦玖能木実㆒。故、多遅摩毛理、遂到㆓其国㆒、採㆓其木実㆒以、縵八縵・矛八矛将来之間、天皇、既崩。爾、多遅摩毛理、分㆓縵四縵・矛四矛㆒、献㆑于㆓大后㆒、以㆓縵四縵・矛四矛㆒、献㆓置天皇之御陵戸㆒而、擎㆓其木実㆒、叫哭以白、常世国之登岐士玖能迦玖能木実持、参上侍、遂叫哭死也。其登岐士玖能迦玖能木実者、是今橘者也。

「登岐士玖能迦玖能木実」は、ここでは不死の生命力の象徴としてあるものと考えられる。「ときじく」は常にあるの意であり、「かく」は輝くさまをあらわす語であろう。物語において登岐士玖能迦玖能木実は、常世国よりもたらされたこの世のものならざる神秘の植物である。その永遠の輝きをもった木の実と垂仁天皇の崩御および多遅麻毛理の死とが鮮やかに対比されている。

この「登岐士玖能迦玖能木実」は、「今」においては「橘」として把握される。「橘」は常緑樹であり、万葉集に、

橘は　実さへ花さへ　その葉さへ　枝に霜置けど　いや常葉の木　（巻六・一〇〇九）

と詠われる霊木である。神秘の植物である「登岐士玖能迦玖能木実」に対して、語りが「橘」という常緑樹である霊木のイメージを与えることによって、その永遠性を明示するものと判断できる。「登岐士玖能迦玖能木実」と「橘」の紐帯が示されるということをただ「今」あることの起源としてみるだけではなく、むしろ語りにおける「橘」が物語の「登岐士玖能迦玖能木実」の存在を導いていると受け取るべきである。

これらの例において、物語は作品のなかですでに「今」とは異なるものとして明確に自覚されているといってよい。物語はただかつてあったことが継起的に叙述されるのではなく、それは「今」によって導かれ、支えられ、定位される。このような自覚によって、語られる物語と語りの「今」との重層性は明確な構成上の意図として作品の表面に浮き上がるのである。しかもその意識は両者の隔絶ではなく、むしろ接近を指向する。物語は「今」の根拠としてのかたちをとりつつ、その在りようは「今」に従うものとしてある。そのような前提が作品に内包されている。物語は作品のなかで完結したもの、閉じたものとしてではなく、「今」へむかって開かれたものとしてある。

三　久延毘古の知る「天下」

ここで、あらためて上巻の「天下」について考えたい。

故、顕二白其少名毘古那神一所レ謂久延毘古者、於レ今者山田之曾富騰者也。此神者、足雖レ不レ行、尽知二天下之事一神也。

この「今」も畢竟、語りとしてある。「葦原中国」が物語のなかで神話世界としてあるのに対して、当該例は上巻の物語そのものから離れた地点からのものとして存すると判断できる。「今の曾富騰」たる久延毘古の知る「天下」とは、上巻の物語内部の在りようとはそもそも次元を異にするのである。置かれるべき位置が異なるのだから、無理に物語に回帰して考えるべきではなく、むしろその立場の差を見極める必要がある。そして、何が当該の「天下」の表記を要求したのか、と考えなければならない。

物語は「今」に対する起源であり、語りの「今」と物語とは直結されるものではない。だが、重層的なものとしてあるといえる。とすれば、山田の曾富騰である久延毘古の知る「天下」も物語の「天下」と重なるものとしてある。繰り返し確認しているとおり、〈上巻「葦原中国」―中・下巻「天下」〉という対応軸は物語において貫かれている。語りはこの対応軸から離れたところにある。しかしながら、この設定自体が語りの立場からなされたものであることを考慮すべきであろう。また、先に考察した⑽において、「邇々芸命」と「今」における「天皇命等」の重層性をみた。

この点、さらに、

⑳是四歌者、皆歌㆓其御葬㆒也。故、至㆑今、其歌者、歌㆓天皇之大御葬㆒也。　（中巻　景行天皇）

於是、坐㆑倭后等及御子等、諸下到而、作㆓御陵㆒、即匍㆓匐廻其地之那豆岐田㆒而哭、為㆑歌曰、

那豆岐能多能　伊那賀良邇　伊那賀良邇　波比母登富呂布　登許呂豆良

於是、化㆓八尋白智鳥㆒、翔㆑天而、向㆑浜飛行。爾、其后及御子等、於㆓其小竹之苅杙㆒、雖㆓足跳破㆒、忘㆓其痛以㆒、哭追。此時、歌曰、

阿佐士怒波良　許斯那豆牟　蘇良波由賀受　阿斯用由久那

又、入二其海塩一而、那豆美行時、歌曰、

宇美賀由気婆　許斯那豆牟　意富迦波良能　宇恵具佐　宇美賀波　伊佐用布

又、飛居二其磯一之時、歌曰、

波麻都知登理　波麻用波由迦受　伊蘇豆多布

是四歌者、皆歌二其御葬一也。故、至レ今、其歌者、歌二天皇之大御葬一也。

をもって考えたい。ここでは、「倭建命」の陵墓を作って泣きながら歌を詠っていた后や御子たちが、白鳥と化した倭建命を追い、なお歌を詠う。そしてその四つの歌は倭建命の葬儀に際して詠われたものだ、とする。そして、その歌が「今」に至るまで「天皇之大御葬」の歌とされる。倭建命は天皇ではない。しかしながら、古事記において倭建命は、天皇に準じる扱いをうけており、ここでもその扱いは一貫しているとみてよい。語りの面からいえば、天皇ではない倭建命の物語と「今」における天皇のこととを連続させることで、物語における王権の論理を保証しているとみることができる。

　このように、語りによる物語の注釈には、物語を作品のなかで王権の論理のもとに定位する方向性がみてとれよう。大国主神と少名毘古那神の物語は王権の論理の根幹にかかわるクニヅクリについてのものであり、この物語を注釈する「今」においての「天下」もまた、なんらの意味づけをもたずに世界を指す言葉ではなく、むしろ政治性をもった「天下」として考えるべきである。このように考えたとき「天下」は天皇が統治する世界として把握される。単にある領域を指す言葉であれば「国中」などの語でもかまわなかったはずである。にもかかわらず、「天下」がここで選択されたことの意味を作品としての古事記の総体から導きだされねばならない。

　物語においては、なぜ諸神の知らない少名毘古那神の正体を久延毘古が承知であったのかは不明であり、また久延毘古という存在自体もつまびらかでない。しかし、「今」による注釈によって久延毘古は「曾富騰」としての実体を獲得し、諸神にはない「天下之事」についての知識を有する存在として定位される。古事記において物語は語りの「今」にはたらきかけられることにより、「今」あることへの回路が開かれるのである。

結

古事記における「天下」と「葦原中国」とはいかなるものであったのかをみておきたい。上巻には原則として「天下」は使用されず、専ら世界をあらわす語としては「葦原中国」が用いられた。これは、「黄泉国」あるいは「高天原」といった異界とのかかわりのなかで用いられる語であり、そのなかで「葦原中国」は形づくられていく。この「葦原中国」に皇統の始祖である邇々芸命が天降り、いわゆる日向三代の物語が語られたのち、中巻になり、神倭伊波礼毘古命の東征にいたってようやく「天下」と称される世界が物語にあらわれる。以後、物語に「葦原中国」およびその他の異界があらわれることは原則的になく、(3)「天下」のみが物語の舞台となる。

このように、〈「葦原中国」―「天下」〉という世界観は〈上巻―中・下巻〉という物語の構成のなかにおいて、それぞれ神話世界と現実世界を示すものとしてある。にもかかわらず、上巻における「天下」は、その論理から逸脱しているかのようにみえる。しかし、その異質さは、上巻に存在することではなく、語りとしてあることにその主因を指摘しうる。

上巻における「神代の世界」では、「天下」は出現しえないにもかかわらず、久延毘古の知識が「天下」のことごとくに及ぶとされるのは、その久延毘古があくまで「今の曾富騰」であり、その「今」が物語の文脈を離れたところにあるからにほかならない。すなわち、作品において物語を語る「今」、天皇の統治する世界が表出しているのである。このゆえに上巻においても「天下」の語は使用されなければならなかった。むしろ、この場合、「今の曾富騰」としての「久延毘古」が知っているものは「葦原中国の事」であってはならない。

問題となる「天下」と似た「天下」の例がもう一つ古事記のなかにある。序において、

議二安河一而平二天下一、論二小濱一而清二国土一。

とされるものである。序は「臣安万侶言」で始まり、世界の誕生を語る。その天地の初発は「誰知二其形一」であるにもかかわらず、である。誰も知るはずのないその天地の分割するさまを概括的かつ俯瞰的に描き、そして、古事記三巻の概要を語る。序に本文の内容が大枠として提示されることにより、古事記はひとつの完結した作品となることが了解される。物語が俯瞰されているということは、すなわち、語られるべき物語が、実は語る立場からのものであることがここですでに開示されているということにほかならない。そのなかで、この「天下」も使用されるのである。

当該の箇所は、本文でいうところの天孫降臨の条に相当する。「安河」で「天下」を平らげるそのはかりごとをし、「小濱」において相手を諭し、「国土」を清らかにする。序を本文の例と同等に論じることはなお慎重でなければならない。しかし、序が古事記全体を見渡すものとして、また筆録の動機を語るものとしてあることを考えあわせるならば、これもまた、本文とは異なる方法で、語りの立場から世界にかかわって語っていることに思いを致すべきであろう。序を語る立場において、世界は神話世界である「葦原中国」ではない。この故に神代の事跡を概観するときに「天下」の語を使用することが要求された。語るものと語られるものとの二層の時間関係がここに現出しているとみるべきである。

古事記本文において、「葦原中国」と「天下」とは「神の世界」と「人の世界」という軸に沿って存立している。それは神の時代から人の時代へ連綿と続く時間に従って描かれる。このとき「天下」は中・下巻のなかで用いられ、天皇から次代の天皇へと継承されるものとしてある。その古事記を語る立場こそが、当該の上巻における「天下」の表記を要請しなくてはならなかったのである。そしてそれは古事記のなかで、語りの立場での書式が存在することを意味する。自ら独自の書物としての古事記を成り立たしめるひとつの仕組みとして、物語と語りの重層はあるといわねばなるまい。物語とそれを語る「今」とは偶発的条件によって顕在化するものではなく、むしろその立場の差は意識されて作品に表出している。

上巻における当該の「天下」の例は、〈神話世界―葦原中国〉と〈現実世界―天下〉という作品構成上の意図に従いながら、同時に〈物語〉と〈語り〉という仕組みに則ったものとしてある。このように考えてはじめて、古事記の在りようを認めることができるのである。

以上、古事記上巻における「天下」の例が、作品の構成に反した錯乱ではなく、その意図に従って存在するものであることを考察した。当該の文はただ物語を敷衍する注釈としてのみ付加されたのではない。むしろ物語の機構と不可分の関連をもつものとしてある。そしてそれは、物語を定位することであると同時に、物語を語ることの必然として存するのである。

注

（1）遠山（一九八三A）は、当該の「天下」の例について、日本書紀における「天下」の使用にスサノヲのかかわる例のあることを踏まえたうえで、例外的に、スサノヲと大国主・大己貴の統治領域を表すばあいにのみ、神の物語においてもアメノシタが見出された。この二神は主として出雲地方で活動する神々である。すると、原則（引用者注—遠山は「アメノシタ」が人の代において、天皇による統治という視点から人の世界を表すもの、とする）からはずれるアメノシタの用法は、出雲地方を中心とする伝承から、記紀の神代の記述に取り入られたのではないか、という推測を立てることができる。

と述べる。

（2）『日本神話事典』【コノハナノサクヤビメ】の項には、

この木花之佐久夜毘売神話は、バナナ型として、東南アジアを中心に、死の起源神話としての類型をもつ。

とあり、同書の【バナナ型】の項には、

神によって与えられた石を人間が、食べられないという理由で拒否し、バナナを選び取ってしまったために、人間は、石のような永遠の命を得られず、バナナ（植物）のように短い命を与えられてしまったというスラウェシ島（インドネシア）のポソ族に伝わるような話がその典型（後略）

とある。

（3）中巻の神武天皇条に、

故、天神御子、問下獲二其横刀一之所由上、高倉下答曰、己夢云、天照大神・高木神二柱神之命以、召二建御雷神一而詔、葦原中国者、伊多玖佐夜芸帝阿理那理。我之御子等、不レ平坐良志。其葦原中国者、専汝所二言向一之国。

とあって、上巻以外でも「葦原中国」の使用がみられる。ただし、ここの「葦原中国」の例は高倉下が己のみた夢のことを説明する発話の使用においてのもので、さらにその夢のなかにあらわれる天照大神・高木神の発言中に使用される言葉である。新編日本古典文学全集『古事記』の頭注では「「天つ神御子」による大和平定の物語は、国譲りと降臨の神話になぞらえて語られているが、この部分も天忍穂耳命の言った「豊葦原千秋長五百秋水穂国は、いたくさやぎて有りなり」の言葉と酷似する」とあり、中巻における「葦原中国」の例は、上巻における神話的文脈と同列に扱うことが可能なものと判断される。

引用文献

青木周平　（一九九二）「（上代）神話」（『文学語学』136　一九九二年一二月）
粂川光樹　（一九七五）「古事記の「今」」（『日本文学研究資料叢書　古事記・日本書紀Ⅱ』有精堂出版　一九七五年四月）
神野志隆光（一九八四）「「葦原中国」と「天下」―「古事記」の神話的世界―」（『五味智英先生追悼　上代文学論叢』笠間書院　一九八四年三月）
神野志隆光（一九八五）「「葦原中国」―神話的世界の機軸―」（『古事記の世界観』吉川弘文館　一九八五年六月）
西郷信綱　（一九七五）『古事記注釈（一）』（平凡社　一九七五年一月）
遠山一郎　（一九八二）「アメノシタの成立」（『国語国文』51―7　一九八二年七月）
遠山一郎（一九八三A）「アメノシタの用法」（『萬葉』113　一九八三年三月）
戸谷高明　（一九七六）「「天の下」の意味―「天」の思想と表現―」（『学術研究』25　一九七六年一二月）
松本直樹　（二〇〇三）「「天下」の構造と意味」（『古事記神話論』新典社　二〇〇三年一〇月）
毛利正守　（一九九〇）「古事記における「天神」と「天神御子」」（『国語国文』59―3　一九九〇年三月）
吉野政治　（二〇〇七）「古事記の地の文のイマ〈今〉について」（『古事記年報』49　二〇〇七年一月）

参考文献

神野志隆光（一九八二）「「高天原」と「葦原中国」―『古事記』の神話的世界―」（『国語と国文学』59―11　一九八二年一一月）
佐藤米子　（一九八六）「『古事記』における〈今〉―物語りの時間をつきぬけた〈今〉について―」（『実践国文学』30　一九八六年一〇月）
佐藤米子　（一九八七）「『古事記』における〈今〉（続）―物語りの時間のなかの〈今〉について―」（『実践国文学』31　一九八七年三月）

遠山一郎（一九八三Ｂ）「萬葉集のアメノシタと葦原水穂国」（『萬葉』116　一九八三年一二月）
橋本雅之（二〇〇二）「古風土記の世界観と編纂思想―「天」を中心として―」（『国語と国文学』79―9　二〇〇二年九月）
松本直樹（二〇〇二）「「天降」の意味追考―日本書紀の古訓―」（『学術研究』50　二〇〇二年二月）
毛利正守（一九九九）「古事記構想論」（『古事記の現在』笠間書院　一九九九年一〇月）

第二節　黄泉比良坂と伊賦夜坂

序

古事記上巻における伊耶那岐命の黄泉国往還譚のなか、黄泉国から葦原中国へのその帰還の最終部、伊耶那岐命は「黄泉比良坂之坂本」へと到る。古事記の世界観をめぐる一連の議論のなかで、この「黄泉比良坂」はその在りようを問われることが多かった。というのも、物語では黄泉比良坂が異界たる黄泉国と現世たる葦原中国との境界として機能していると考えられるためである。だからこそ、その在りようを見定めることは黄泉国と葦原中国との関係を決定することに等しい。

先行説では、黄泉国を地下世界とみて、その境界である黄泉比良坂は黄泉国から葦原中国へとのぼる坂であるとする説が多数を占めている。さらに、『古事記注釈』のように、黄泉国を地下世界、葦原中国を地上世界、高天原を天上世界とする三層構造が古事記のなかに設定されている、と認める論もある。

これらの黄泉国＝地下世界とする説に対して佐藤正英（一九八二）は、

われわれは、実のところ、古代日本における黄泉国といった既成の、ほとんど常識と化した黄泉国のイメージに安住してはいないだろうか。

と問題提起した上で、「黄泉比良坂は、俗世の側からみて上へ向かってのぼっている坂として語られている」と

述べる。さらに佐藤の主張を承け、神野志隆光（一九八三）は、黄泉国と葦原中国とは水平関係にあると指摘した上で、

> 「高天原」―「葦原中国」の、〈アメ〉―〈クニ〉の対立と、「葦原中国」―ヨモツ国という、〈クニ〉における対立とは、次元の異なるものなのである。

として、「高天原」―「葦原中国」―「黄泉国」の三層構造による世界観ではなく、〈アメ（高天原）〉―〈クニ（葦原中国）〉と〈クニ〉の内部における「葦原中国」―「黄泉国」と、対立軸が異なる二元構造的な世界の把握を論じる。

さらに、佐藤・神野志らの説に対して、あらためて黄泉比良坂を黄泉国からのぼるものとして認めながらも、そこに新たな見解を示す論も提出されている（吉野政治・一九九九、姜鍾植・二〇〇〇等）。

このように、これまで黄泉国と葦原中国との位置関係を判断する基準のひとつとして、ひいては世界構造の把握に関わる問題において、黄泉比良坂は議論の対象となっている。しかし、この議論のなかで、その往還譚の末尾にある、

> 故、其所㆑謂黄泉比良坂者、今、謂㆓出雲国之伊賦夜坂㆒也。

との一文に触れられる論はあまりみられない。少ないながらも存する黄泉比良坂と伊賦夜坂とを結ぶ論としては、「記紀神話の世界では、出雲は黄泉の国に隣接していると考えられていた」（『古事記注釈』）といったような、いわゆる記紀神話論的、あるいは成立論的な見地によるものが支配的である。そのような作品外の論理を持ち込むことで当該箇所を考えることも可能ではある。しかし、それは古事記を媒介として、古代における神話世界を垣間見る論理であり、古事記の内部において当該の一文の置かれたことの意味を探ることを主眼とする本書とは立

場が異なる。作品外の設定を持ち込むことは、本書のとるところとはまた別個の方法としてあることを述べておく。

当該の一文は語りの「今」からの注釈であり、それが物語そのものとは直接かかわりをもつものではないのであるから、文脈理解の現場へ直接持ち込むことは慎むべきであろう。だが、物語の解釈における議論の俎上にあげることは忌避すべきであっても、作品そのものを考察する立場においては排除しえないものであることを認めなくてはならない。そして、物語と語りとが作品の構成のなかでどのようにかかわりあうのか、と問うべきであろう。そのとき、両者の位置を端的に提示しているのが当該の一文であると考えられるのである。

神話世界の一領域である黄泉比良坂は物語の次元に存するものであり、それに対して現実世界の一部である伊賦夜坂は語りの次元に属するものとして提示される。両者は〈神話世界―現実世界〉と〈物語―語り〉という二重の差異を示すものといえる。ここにおいて、黄泉比良坂と伊賦夜坂とを重ね合わせることがなぜ可能となったのか、と問う必要がある。またさらに、本来等質ではないはずの両者が重ねられることの意義に、古事記に相対するかたちで迫らねばなるまい。

なお、本節においては、境界としての黄泉比良坂を論じない。それは、物語と語りとの連関を認めるとき、黄泉比良坂は黄泉国に属するという点において重要と考えるためであって、境界としての機能を論じることの意味を無視するのではない。むしろそれに触れることで問題の本質をなおざりにする危険が存するためである。そのため、本書では補論として、境界としての「黄泉比良坂」についての論を別に設けることとした。

本節においてはかくのごとき問題意識から、黄泉比良坂と伊賦夜坂との相関関係を論定する。

一　黄泉比良坂

「黄泉比良坂」は、古事記中、二カ所にあらわれる。その初例は伊耶那岐命の黄泉国往還譚である。まずは物語における「黄泉比良坂」の使用を本文に沿って考察したい。

於是、欲レ相二見其妹伊耶那美命一、追二往黄泉国一。爾、自レ殿縢レ戸出向之時、伊耶那岐命語詔之、愛我那邇妹命、吾与汝所レ作之国、未作竟。故、可レ還。爾、伊耶那美命答白、悔哉、不二速来一、吾者為二黄泉戸喫一。然、愛我那勢命入来坐之事、恐故、欲レ還。且与二黄泉神一相論。莫レ視レ我、如此白而、還二入其殿内一之間、甚久、難レ待。故、刺二左之御美豆良一、湯津々間櫛之男柱一箇取闕而、燭二一火一入見之時、宇士多加礼許呂々岐弖、於レ頭者大雷居、於レ胸者火雷居、於レ腹者黒雷居、於レ陰者析雷居、於二左手一者若雷居、於二右手一者土雷居、於二左足一者鳴雷居、於二右足一者伏雷居、幷八雷神、成居。

於是、伊耶那岐命、見畏而逃還之時、其妹伊耶那美命言、令レ見レ辱レ吾、即遣二予母都志許売一、令レ追。爾、伊耶那岐命、取二黒御縵一投棄、乃生二蒲子一。是摭食之間、逃行。猶追。亦、刺二其右御美豆良一之湯津々間櫛引闕而投棄、乃生レ笋。是抜食之間、逃行。且後者、於二其八雷神一、副二千五百之黄泉軍一令レ追。爾、抜下所二御佩一之十拳剣上而、於二後手一布伎都々、逃来。猶追。到二黄泉比良坂之坂本一時、取下在二其坂本一桃子三箇上待撃者、悉坂返也。爾、伊耶那岐命、告二桃子一、汝、如レ助レ吾、於二葦原中国一所レ有、宇都志伎青人草之、落二苦瀬一而患惚時、可レ助、告、賜レ名号二意富加牟豆美命一。

最後、其妹伊耶那美命、身自追来焉。爾、千引石引二塞其黄泉比良坂一、其石置レ中、各対立而、度二事戸一之

> 時、伊耶那美命言、愛我那勢命、為二如此一者、汝国之人草、一日絞二殺千頭一。爾、伊耶那岐命詔、愛我那邇妹命、汝為レ然者、吾一日立二千五百産屋一。是以、一日必千人死、一日必千五百人生也。故、号二其伊耶那美神命一謂二黄泉津大神一。亦云、以二其追斯伎斯一而、号二道敷大神一。亦、所レ塞二其黄泉坂一之石者、号二道反大神一、亦、謂二塞坐黄泉戸大神一。故、其所レ謂黄泉比良坂者、今、謂二出雲国之伊賦夜坂一也。

伊耶那岐命はその妻である伊耶那美命を喪い、悲嘆に暮れ、彼女のいる黄泉国へと旅立つ。その黄泉国で伊耶那岐命は伊耶那美命を見るが、そこには蛆がたかり、身体に雷神を宿した恐るべき姿の妻がいた。あわてて逃げる伊耶那岐命であるが、それに怒った伊耶那美命は予母都志許売、また八雷神と黄泉軍を差し向ける。逃げる伊耶那岐命は黄泉比良坂の坂本に到り、追っ手を撃退する。そして最後にやってきた伊耶那美命との間に千引石を引き塞ぎ、妻に別離を告げる。

問題となるのは、「坂本」の位置づけである。伊耶那美命がやって来るまでに伊耶那岐命が坂本を越えて移動したのか、それともこの坂本に留まったのか、そのいずれであるのかが焦点となる。そこで、伊耶那岐命の移動に関する表現を確認したい。

伊耶那岐命の黄泉国への移動は「追往」とされる。これは後の「逃還」と対になった表現として考えられる。伊耶那岐命の「逃還」は、最初の追っ手である予母都志許売から逃れることに始まる。予母都志許売に黒御縵、湯津々間櫛を投擲することによって伊耶那岐命は窮地を脱する。このとき、伊耶那岐命の移動は「逃行」とされる。さらに新たな追っ手である黄泉軍と八雷神に向かっては十拳剣を後ろ手に振りながら逃走する。このときの移動は「逃来」である。そして黄泉比良坂の坂本に到着する。このとき、伊耶那岐命のその移動は「到」とされる。このように、伊耶那岐命の帰還にあって移動は「逃行」「逃来」「到」という、三段階の表現でもってなされることに注意したい。

姜（二〇〇〇）は、この「行」は黄泉国から葦原中国への視点であり、「来」は葦原中国から黄泉国への視点であって、

　「坂本」（黄泉国のはずれ）に近づくにつれて黄泉比良坂（あるいは葦原中国）を視点としたものに転換されてしまうのである。

と指摘している。また、佐藤麻衣子（二〇〇六）の謂いを借りれば、この「行」は〈経過〉をあらわすもので、移動の全体を〈結果〉として示す「往」と使い分けられている。さらに、「「来」は動作の結果話者の位置へ到着ないしは接近する意となり、「行く」はむしろ話者から離れ遠ざかる意」（井上展子・一九六二）であるという万葉集の傾向を含みこんで考察すれば、ここでの「行」と「来」もまた、黄泉国から葦原中国へと帰還する伊耶那岐命の移動の段階的な進展を表現するものとみるべきであろう。視点の転換はそのまま伊耶那岐命の逃走が着々と果たされつつある描写としてある。そして、そのような逃走過程を経て、伊耶那岐命の移動は「到」と表現される。

「到」は「至」と同様に訓が「イタル」（観智院本『類聚名義抄』）である。「待つらむに　到《イタラ》者《バ》妹《イモ》之《ガ》　嬉しみと　笑まむ姿を　行きてはや見む」と詠う万葉集巻十一・二五二六は、「待っている（ところ）にいたる」ことで、目的とする「喜ぶ妹の笑顔を見る」ことが可能となる。あるいは「三諸の　神奈備山ゆ　との曇り　雨は降り来ぬ　天霧らひ　風さへ吹きぬ　大口の　真神の原ゆ　思ひつつ　帰りにし人　家《イヘ》尓《ニ》到《イタリ》伎《キ》也《ヤ》」と詠う巻十三・三二六八では、荒天のなかを帰っていった恋人が無事に自宅へたどりついたかどうか、と心配している。ここでの「到」は「家」に帰着することを意味する。これらの例をみても、「到」は「やってくる」「つく」の意として解

される。こうした「到」の使用をみれば、それが移動の完了表現としてあることが語義の面から了解される。

また、古事記において「到」は単に移動の完了を示すのみならず、到着したその場所でなんらかの行為のなされることを前提にしたものが多い。たとえば黄泉国から帰還した伊耶那伎大神は、「吾者、為二御身之禊一」と発言したのち、

到二坐竺紫日向之橘小門之阿波岐原一而、禊祓也。

として、禊ぎをするために「竺紫日向之橘小門之阿波岐原」に「到」る。そしてこの場所でいわゆる三貴神を生むのである。このように、「到」には移動の決着を提示する機能が認められ、かつその場所ではなんらかの行為がなされる。

また、建御雷神が建御名方神を追い、科野国へ追い往く場面では、

故、追往而、追二到科野国之州羽海一、将レ殺時、建御名方神白、（上巻　建御雷神の派遣）

とあって、建御雷神は科野国に建御名方神を追って「追到」し、以後、建御名方神は「他処《あだしところ》へは行かじ」と宣言し、命乞いをする。それに納得した建御雷神は科野国から出雲国へと帰還する。すなわち、建御雷神の「追往」は出雲国から科野国で終了（「追到」）し、建御名方神の服従をみて建御雷神はふたたび出雲国へと帰還（「還来」）する。ここでは「到」ではなく「追到」ではあるが、「追」は「到」を修飾する語であり、意味の中心は「到」にある。

中巻の垂仁天皇条においては、「到」と「追到」の語にこのような使用状況がみられる。

自二木国一到二針間国一、亦、追二越稲羽国一、即、到二旦波国・多遅麻国一、追二廻東方一、到二近淡海国一、乃越二三野国一、自二尾張国一伝以追二科野国一、遂追二到高志国一而、於二和那美之水門一張レ網、取二其鳥一而、持上献。

白鳥を追う山辺の大鶙は、木国から針間国へ到り、さらに稲羽国へ追って行き、旦波国・多遅麻国に到り、そこから東にまわって近淡海国に到り、三野国を越えて尾張国から科野国へと追って、ついに高志国に追い到って和那美の水門に網を張り、ようやく白鳥を捕まえることができた。起点である「木国」から終点の「科野国」にいたるまで、「追」「到」「越」と字を変えて一連の移動は示される。途中で使用される「到」単独での表現は移動そのものが終了しているのではなく、「追」や「越」と同列に扱われる、移動の経過である。しかし、終点である「高志国」に到着したときの表現は「追到」である。これは「到」に「追」が修飾されたもので、「到」が単独で使用されたときの、移動の経過を示す例との差別化が明確である。「到」を含む語が移動そのものの完了を提示していることはあきらかであろう。そして、ここでもやはり、山辺の大鶙は高志国に到着したのち、和那美の水門に網を張って白鳥を捕らえる。

つまり「追到」は「追」「到」「越」の結果として、移動の終焉を示すものである。「追」と「到」との複合語ではあるが、その主たる意味は「到」にあり、「追到」は「追」「到」「越」によって経過した山辺の大鶙の移動の終着を提示している。「到」には移動の決着だけでなく移動が継続している状態を示す用法もあるが、しかし、結局、移動の決着は「到」を意味の中心にもつ語によって示されていることに注意される。すなわち、「到」がほかの語と並列的に移動の経過を表現する場合でも、その決着は「到」を含む語によって示されているのである。いいかえれば、「到」の語が移動の継続を示す場合、「到」を含む語によってその移動が決着されることが前提となる。このように、「追到」の例にもまた、「到」が完了した移動を提示する機能をもつことがみてとれる。「到」の後にはなんらかの重要な行為があり、目的が果たされないうちにその地を離れることはない。

また、もしも伊耶那岐命にさらなる逃走の必要があるのならば、その移動は「行」「来」等で示されたはずである。しかし、ここでは伊耶那美命が追ってきたことは表現されても、伊耶那岐命についてはまったく移動の様が描かれない。とすれば、先にみた伊耶那岐命の帰還において、「行」から「来」へと変化した移動は「到」にいたって決着したとみなければならない。

そして、伊耶那岐命の「逃還」が完了したところに伊耶那美命がやって来る（「追来」）。確かに伊耶那美命は伊耶那岐命に迫らんとしてやって来た。しかし伊耶那美命は伊耶那岐命に追いつくことができず、両者の間には「千引石」が引き塞がれる。つまり、伊耶那美命は伊耶那岐命のもとに到着することは叶わず、そのために伊耶那美命の移動はあくまで「追来」であり、「追到」ではありえないのである。

伊耶那岐命の移動について、「追往」に対する「逃還」の実質的内容として「行」「来」「到」があることを思えば、伊耶那岐命の逃走は「坂本」で終了し、その場所で黄泉軍・八雷神を撃退したと考えられる。さらにその後の移動が示されない以上、伊耶那岐命はまた「坂本」で伊耶那美命を退けるべく石を引き塞いだと考えるべきであろう。以上述べきたったことから、伊耶那岐命の逃走における最終的到着点として、物語では「黄泉比良坂之坂本」が設定されていることが認められる。

この千引石のもつ意味は物語において小さくない。それは単に伊耶那美命の手から逃れるために置かれたのではなく、黄泉国と葦原中国とを遮断するものとしてある。さらにまた、「道反大神」あるいは「塞坐黄泉戸大神」と定位されることによって、「道敷大神」「黄泉津大神」たる伊耶那美命と「伊耶那岐大神」となる伊耶那岐命との間に立ち塞がるのである。梅田徹（一九九五）はこの〈伊耶那岐命―千引石―伊耶那美命〉の緊迫について、

逃げるイザナキが追いつかれ、捕まえようとするイザナミが追いつき、チビキノイハがそれを遮る緊張関係が瞬時に生じる。そのなかでコトドワタシがかわされ、それが完了した時点でチビキノイハがイザナミを追

い返した、神名「道反大神」の由来にあたるときであり、同時にイザナミは黄泉国にとどまることが確定し「黄泉津大神」となる。

と指摘する。伊耶那岐命は黄泉国への訪問以後「伊耶那岐大神」となり、三貴神を生むための資格を得る。そのとき、伊耶那岐命はただ訪問の結果として「大神」となるのではなく、黄泉津大神・道敷大神と道反大神・塞坐黄泉戸大神との均衡した力関係の上にその資格は提示されているのである。梅田（一九九五）はまた、伊耶那美命と千引石の名称が変化することを「新たにそこに位置を占めることで場でもって呼ばれる神名を持つ」ためと把握する。ただ新たに名が付けられるのではなく、いわば場の制約によって名称が決定される。ここでは黄泉津大神・道敷大神と道反大神・塞坐黄泉戸大神とが伊耶那岐大神の神格を保証するものとして機能していることに注意したい。伊耶那美命と伊耶那岐命との間を千引石が断絶することは、単に二神の離別を語るのみならず、黄泉国と葦原中国との間を引き裂くことでもある。

　こののち、伊耶那岐大神はまた「伊耶那岐命」あるいは「伊耶那岐大御神」と表現される。これは、前者が天照大御神と、後者が須佐之男命と相対するときの待遇表現とも考えられる。つまり、「伊耶那岐」は黄泉国往還から神生みの物語では「命」から「大神」へと表現が変化したが、しかしそれはこの範囲でのことであって、話が変われば、あるいは向かい合う相手が異なれば、称号はまた変化するということである。ここでは黄泉国訪問以前の「伊耶那岐命」が帰還の後に「伊耶那岐大神」とされることの意義をみた。

　このように考えたとき、本節で問題としている語りによる注釈的一文、

　　故、其所レ謂黄泉比良坂者、今、謂二出雲国之伊賦夜坂一也。

について、物語との連動作用をみいだす必要があろう。当該の一文がまさしく黄泉国譚との関連性の上にあって

付されたものであるとすれば、その意義は物語に沿ったものとしてあると認識せねばなるまい。

先にみたように、伊耶那岐命はその逃走の決着において「千引石」を引き塞ぐ。このとき、黄泉国から葦原中国への通路としてあった黄泉比良坂自体も黄泉国から引き離される。黄泉比良坂は黄泉国と葦原中国との通行を可能にするものとしてあったが、しかし千引石によってその機能を喪失することとなる。この石は黄泉国から追ってきた伊耶那美命を遮るものとして「道反大神」とされ、葦原中国と黄泉国とを遮断するものとして「塞坐黄泉戸大神」とされる。つまり、「大神」たる千引石は、黄泉国と葦原中国とを隔てる境界点として新たに定位されるのである。葦原中国と黄泉国との接点が断たれ、二つの世界の通行は不可能となる。ここに、黄泉比良坂が「伊賦夜坂」となる契機が示されているとみるべきであろう。すなわち、黄泉比良坂は伊耶那岐命に千引石を引き塞がれることによって、黄泉国の一領域としての性格を喪失するのである。その結果、異界の地を現世の地へと比定することが可能となる。作品の意味に沿っていえば、当該箇所はただ出雲国の伊賦夜坂に黄泉国との関連を示す伝承があったというような祖源神話を設定するのではなく、物語にとって意味あらしめるものであることを認めなくてはならない。黄泉比良坂はすでにして「黄泉国」の一部たりえない。そうしたとき、異界ならざる地への変容を余儀なくされ、そしてそれは「今」において伊賦夜坂として把握されるのである。

これに対して、同じく「黄泉比良坂」が登場する古事記上巻・大穴牟遅神の根之堅州国訪問譚においてはなんら注釈が付されない。大穴牟遅神によって髪を室に結い付けられた須佐之男命はそれを振りほどき、

追二至黄泉比良坂一、遥望、呼二謂大穴牟遅神一曰、

として、黄泉比良坂へと「追至」のである。ここでの黄泉比良坂は根之堅州国と葦原中国との間にあるものとして設定されている。なお留意すべきは、ここでの須佐之男命の移動が「追至」とされることである。黄泉国往還

譚の末尾、伊耶那美命は黄泉比良坂の坂本まで「追来」ったことはあっても「追至（到）」ることがなかった。それは伊耶那岐命に追いつくことがなかったことを示し、また坂本に到着することができなかったことでもあった。しかしながら、ここで須佐之男命は坂にまでは「至」っている。だが大穴牟遅神は坂の遙か彼方にまで逃げ去っていたために、そこで留まり、そして大穴牟遅神を言祝ぐ。この「坂」は須佐之男命の行動範囲内であって、つまり葦原中国の一部ではなく根之堅州国の一領域としてあることが認められる。

この一連の文脈のなかで他に「黄泉」の語があらわれることはなく、何故に黄泉比良坂が登場するのか、あるいはそれが根之堅州国と黄泉国とになんらかの連関を示唆するものとするみかたもあろうが、その事情はつまびらかではない。しかし、それが物語のなかでは葦原中国と根之堅州国とを結びつけるものとして設定されていることをまずは認めるべきであろう。伊耶那岐命の黄泉国訪問譚においては語りによって黄泉比良坂が伊賦夜坂に同定されていた。その語りは物語と連動するものとしてあった。しかし、大穴牟遅神の根之堅州国訪問譚においては、黄泉比良坂が伊賦夜坂として定位される契機は提示されていない。そこには語りの表出する必然が存しないと認める必要があるのではないか。大穴牟遅神を追う須佐之男命の移動は黄泉比良坂で完了しており、そこに根之堅州国と黄泉国とが分断される契機は存しない。根之堅州国と葦原中国との間に横たわる黄泉比良坂はどこまでも黄泉比良坂であって、それ以外のなにものでもない。

それに対して、黄泉国をめぐる文脈に関連して問題とする当該の一文があることは、まさしく「今」において「伊賦夜坂」の存することが物語を保証するものとしてある、と認めうるのである。その意味において、黄泉国往還譚における、「伊賦夜坂」に比定される「黄泉比良坂」と、根之堅洲国訪問譚における「黄泉比良坂」とは異質というべきである。さらにいえば、黄泉国訪問譚における「黄泉比良坂」が「今」において「伊賦夜坂」であるのは、物語に沿えば、この黄泉国訪問譚のあとの根之堅洲国訪問譚において、あらためて黄泉比良坂があらわれるためであろう。黄泉比良坂が「今」において伊賦夜坂である、と示すことは、のちの根之堅州国往還譚において、ふたたび黄泉比良坂があらわれることを可能にする。物語のなか、伊耶那岐命の黄泉国訪問の時点で「黄泉比良坂」が「伊賦夜坂」になってしまうと、根之堅洲国においてふたたび「黄泉比良坂」があらわれることが違和感をもたせることになりかねない。そのため、黄泉比良坂は「今」における伊賦夜坂として示されるのである。

黄泉国とのつながりが絶たれたとはいえ、黄泉比良坂は根之堅州国とのかかわりを含み、物語においてはあくまで黄泉比良坂でありつづける。それがゆえに、根之堅州国譚において、黄泉比良坂はふたたび物語の表面に浮上する。このとき、黄泉国と葦原中国とを結んでいた黄泉比良坂と、根之堅州国と葦原中国とを結んでいた黄泉比良坂とは、繋ぎ保つ世界の差異において異質といえる。しかし、黄泉国と根之堅州国とは同一ではないにせよ、隣接するものであることがまさにここで提示されているとみることが可能となろう。

古事記の異界は、葦原中国と切り離されて語られることはなく、したがって、それらの国々の存在は常に葦原中国に向けられ、その方向性をもったなかで描かれる（毛利正守・一九九九等）。しかも、葦原中国の存立にかかわったその上で、黄泉国と根之堅州国とは関連性をもつ国として捉えられるのである。その事実は、「黄泉津大神」たる伊耶那美命と根之堅州国の「大神」たる須佐之男命とが紐帯を有していることと無関係ではあるまい。

黄泉国から「黄泉」比良坂を切り離しつつ、かつ一方で物語のなかにふたたびあらわすことを企図したとき、まさしく語り、すなわち物語の時間とは異なる語りの「今」においてこそ、それは可能となったのである。かく見定めた上で、物語の連続において提示される黄泉比良坂を作品のなかに位置づけるものとして、当該の一文はある。

二　地名に関する注釈的記述

本節で問題としている当該の一文は、物語を承けて黄泉比良坂が伊賦夜坂であることを語る。古事記中にはかくのごとき地名にかかわった注釈的記述が多くみられる。しかしながら、それらの記述と当該の一文とはその性質を大きく異にする。というのも、多くの地名についての注釈は、変化する以前の語との間に音による連続性を認めることが可能であるのに対し、黄泉比良坂と伊賦夜坂とを繋ぐ一文にはそのような連続性が存しないためである。

まずはそれらの地名に関する注釈的記述を概観することから始めたい。

(1)故是以、其速須佐之男命、宮可二造作一之地求二出雲国一。爾、到二坐須賀地一而詔之、吾来二此地一、我御心、須々賀々斯而、其地作レ宮坐。故、其地者、於レ今云二須賀一也。　（上巻　天照大御神と須佐之男命）

(2)此時、登美能那賀須泥毘古、興レ軍、待向以戦。爾、取下所レ入二御船一之楯上而、下立。故、号二其地一謂二楯津一。於レ今者、云二日下之蓼津一也。　（中巻　神武天皇）

(3)於是、到二山代之和訶羅河一時、其建波邇安王、興レ軍待遮。各中挟レ河而、対立相挑。故、号二其地一謂二伊杼美一。【今謂二伊豆美一也】　（中巻　崇神天皇）

(4)爾、追二迫其逃軍一、到二久須婆之度一時、皆被二迫窘一而、屎出、懸二於褌一。故、号二其地一謂二屎褌一。【今者謂二久須婆一】　（中巻　崇神天皇）

(5)於是、円野比売慚言、同兄弟之中、以二姿醜一被レ還之事、聞二於隣里一、是甚慚而、到二山代国之相楽一時、取二懸樹枝一而、欲レ死。故、号二其地一謂二懸木一、今云二相楽一。（中巻　垂仁天皇）

(6)又到二弟国一之時、遂堕二峻淵一而死。故、号二其地一謂二堕国一、今云二弟国一也。（中巻　垂仁天皇）

(7)於是、先以二其御刀一刈二撥草一、以二其火打一而打二出火一、著二向火一而焼退、還出、皆切二滅其国造等一、即著レ火焼。故、於レ今謂二焼遺一也。（中巻　景行天皇）

(8)亦、其入鹿魚之鼻血、臰。故、号二其浦一謂二血浦一。今謂二都奴賀一也。（中巻　仲哀天皇）

これら地名にかかわる注釈の全体において機能に共通性がみられる。(1)は須佐之男命が宮作りの地を求めて須賀に到ったとき「我御心、須々賀々斯」と口にしたことを承け、その地の名前を今に「須賀」というのだ、とするものである。ここでは物語における発言と語りにおける注釈とが「須賀」の語において一致している。須佐之男命の発言がそのまま地名の縁起として提示され、「須賀」という地名が決定される。

(2)では、神倭伊波礼毘古命と五瀬命とが登美毘古と矛を交えた場面で、神倭伊波礼毘古命たちの軍勢が下船して楯を立てたその地を指して「楯津」の名が付いたことが語られる。さらに「今」においてその「楯津」が「蓼津」であることが示される。物語に沿っていえば、「楯津」が「蓼津」として示されることの根拠はみいだしがたい。しかしながら、この箇所は「楯津（タテーツ）」が「蓼津（タデーツ）」と転訛したもの、あるいは音を共通要素として好字が選択されたものと把握することが可能であろう。また(5)においても、円野比売が首を吊ったところが「懸木」と名付けられ、さらにそこが「今」における「相楽」であることが示される。ここでは「懸木」が地の文において、すでに「山代国之相楽」として前提的に示されていることが注意される。かたちとしては物語の文脈のなかで「木に懸がる」ことが述べられ、そのことによって地名「懸木」が決定され、さらにそれが「相楽」へと転化するのであるが、しかし、「懸木」が「相楽」であることはすでに了承されている。語りは物語に対して付加的なものではなく、むしろ物語を誘導し、かたちづくるものとしてある。ここでは語りが物語を覆うその在りようが端的に提示されているといえよう。

　こうして、なんらかの地名が決定するとき、その由来に相当する出来事が語られたのち、ある地名が決定し、さらに場合によってはその地名が音的に連続するものへと変化する。地名にかかわる注釈は、地名の決定もしくは地名の変化を提示するものとして認められる。このとき、地名の注釈は物語に対して従属的なものではなく、むしろ物語に対して前提的であることに注意される。

　これに対して、問題とする当該の一文は物語を直接に承けて地名が決定するのではなく、また音の変化に基づくものではない。右にみた地名にかかわる注釈が物語の文脈を由来とする、あるいは音的な連続を保つのに対して、本節で問題としている当該の一文はそのような連続性をもたない。このように地名にかかわる注釈と当該箇所とを比較したとき、当該の一文は古事記における地名の注釈機能として質を異にすると指摘しうる。

　古事記における注釈的な語りの機能は、物語を承けた上でそれを定位するところにあることは、すでに本章第一節において述べたとおりである。黄泉比良坂を伊賦夜坂として注釈する当該の箇所もまた、そのような物語の定位に機能の中心があるというべきであろう。たとえば上巻の火遠理命の海宮訪問譚において、自分を送り届けた一尋和邇に火遠理命が「紐小刀」を与える場面がある。

　故、各随㆓己身之尋長㆒、限㆑日而白之中、一尋和邇白、僕者、一日送即還来。故爾、告㆓其一尋和邇㆒、然者、汝、送奉。若度㆓海中㆒時、無㆑令㆓惶畏㆒。即載㆓其和邇之頸㆒送出。故、如㆑期、一日之内送奉也。其和邇将㆑返之時、解㆓所㆑佩之紐小刀㆒、著㆓其頸㆒而返。

この条を承けて、

故、其一尋和邇者、於レ今謂二佐比持神一也。

と一尋和邇が、「今」においては「佐比持神」であることが説明される。サヒは日本書紀巻第二十二推古天皇二十年の歌に、

真蘇我よ　蘇我の子らは　馬ならば　日向の駒　太刀ならば　句礼能摩差比《クレノマサヒ》　諾しかも　蘇我の子らを　大君の　使はすらしき

として、蘇我氏を呉国の名剣をもって譬えるものにみられる。サヒが刀剣を意味する言葉であることが知れよう。また、同書神武天皇即位前紀戊午年六月条で、暴風雨のなかで剣を抜いて海に飛び込んだ稲飯命について、「乃抜レ剣入レ海、化二為鋤《サヒ》持神一。」とする例がみられる。「鋤」は同書神代上第八段一書第三「素戔嗚尊、乃以二韓鋤《サヒ》之剣一斬レ頭斬レ腹」からも、「剣」と類義とみられる。よって、サヒが刀剣を指す言葉であることが知られる。つまり、古事記においては火遠理命が与えた「紐小刀」と一尋和邇の名となる「佐比」とには意味の連続が存する。

物語の文脈において一尋和邇は神ではなかったが、語りに措定されることにより「佐比持神」と変容する。成立論的にいえば、歯牙あるいは背中の突起といったワニの形状から刀剣が連想され、ワニが神格化される際にその名の由来となったとみるべきであろう。しかし、物語の文脈では形状についての言及はなく、「一尋和邇」が「佐比持神」となるのは、その功績とそれに対する褒賞として与えられた「紐小刀」による。論者の立場からは、「一尋和邇」が「佐比持神」であるとする注釈の機能を、あくまで物語の文脈で語られた一尋和邇の能力と功績との関連に基づくものとみる。物語の文脈では、一尋和邇は神ではない。しかし、「一日送即還来」と述べ、ま

たそれを実行する一尋和邇を「今」から捉えなおしたとき、それは他の和邇たちとは差別化された「神」にほかならない。そのために、褒賞として与えられた「紐小刀」との連関のなか、一尋和邇は「佐比持神」と定位される。

さらにまた、「佐比持神」の名はただ単に功績を賞賛するものとしてあるのではない。序にある「王化之鴻基」の論理に基づく古事記の構成意図に即していえば、ほかのなにものでもなく皇統へと繋がる「天津日高御子」である火遠理命とのかかわりにおいて付されたものである。この一文は物語を保証するものとしてあるとみるべきであろう。このように考えたとき、ただ物語に付されただけのものではない、語りとしての注釈の有意性をみいだせる。

かくして、あらためて本節で問題とする一文の、作品における意味は明確となる。すなわち、それが単に異なる二つのものを連結して注釈するだけのものではなく、より古事記にとって意義あらしめるものとして存することを認める必要があるだろう。

黄泉比良坂と伊賦夜坂とは、まずその場所、つまり黄泉国か出雲国（葦原中国）かという点において異質である。その異質さを繋ぐのは伊耶那岐命の引き塞いだ千引石である。黄泉国と葦原中国とが断絶されたとき、その影響のもとに黄泉比良坂は伊賦夜坂へと変容する契機を得る。ここに、当該の一文の存する必然をみいだすことが可能となる。さらに提示されたその変容は物語を語りの「今」でもって定位する。それは「伊賦夜坂」をもって「黄泉比良坂」の存在証明とすることにほかならない。神話を現実でもって裏付けるのである。それは「神話の観念世界と現実の地理的空間とを繋ごうとする」（戸谷高明・二〇〇〇）ものと認めうる。

このように、地名にかかわった注釈の形式をとりつつも、当該の一文は語りによって物語を覆う、その在りようを示している。

物語のなかで、黄泉比良坂は黄泉国と葦原中国とを結ぶものとしてあることが認められる。本節では触れていないが、それが境界として機能していても、双方を連結するものであることに変わりない。また、「黄泉」の語が冠されていることからも、それが黄泉国の一部として存することも指摘できよう。それに対して、伊賦夜坂は「出雲国」の一部であり、他界たる黄泉国ならざる現世に属する。つまり、黄泉比良坂と伊賦夜坂の両者は、それぞれを単独でみたときは無縁のものであり、同一視することは不可能である。それらを結ぶ接点をどこに認めることが可能であろうか。

結

翻って物語をみたとき、伊耶那岐命が黄泉国から帰還するその最後に千引石を引き塞いだのは黄泉比良坂の坂本であり、そして黄泉国と葦原中国とは断絶される。この断絶の結果、黄泉国に残った伊耶那美命は「黄泉津大神」「道敷大神」に、また千引石は「道返大神」「塞坐黄泉戸大神」として位置づけられ、そして伊耶那岐命もまた「伊耶那岐大神」となる。このような神の変容の展相に連続して、黄泉比良坂もまた変容を余儀なくされる。二つの世界が断絶されることに伴って、黄泉比良坂は黄泉国の一領域ではなくなる。黄泉比良坂は「塞坐黄泉戸大神」である千引石によって遮られることによって黄泉国から放たれる。そして「今」における伊賦夜坂として位置づけられる。

伊耶那岐命の黄泉国訪問譚よりのち、大穴牟遅神の根之堅州国訪問譚にふたたび黄泉比良坂があらわれる。この黄泉比良坂と黄泉国訪問譚における黄泉比良坂とが別なものである可能性もある。しかし、同じ名称である黄泉比良坂がふたたびあらわれることを思えば、作品の構成として、黄泉国訪問の終了の時点で黄泉比良坂が伊賦夜坂へと変容することは矛盾を生じさせかねない。そのため、物語とは時間的に隔絶された、語りの「今」において伊賦夜坂とされるのである。その結果、「今」において葦原中国に属する伊賦夜坂へと変容する。その変容がいつなされたのかは不明というほかない。ただ、物語世界から離れた「今」において、黄泉比良坂であった場所は伊賦夜坂となっているのである。

また、古事記全体の在り方からみたとき、他の地名注記が由来的・音的共通性をもつのに対し、当該の一文は地名にかかわる注釈としての機能をもちながら、そのような性格を持ち合わせていない。しかし、地名注記が物語での登場人物の発言や行動に関連するものであるにせよ、音にかかわって「字の変化」というレベルで把握されるにせよ、それは語りの「今」においては物語とは異なるものとして提示されていることにほかならない。地名に関する注釈は、たとえば〈タテツ―タデツ〉といった、明示的な音による連続性によって結ばれている。これに対して当該箇所ではそのように明確なかたちでの連続性は提示されていないようにみえるが、しかし、黄泉比良坂と伊賦夜坂とを繋ぐ紐帯は作品においては物語のレベルで実現されている。

かくして、異質であったはずの両者は同一のものとして定位される。そしてまたそれは、黄泉比良坂が物語の世界においてかつてあったもの、「今」において存する伊賦夜坂と同一のものとする理解が示されることにより、神話世界と現実世界とを連結する。「今」に対するものとして物語はあり、語りは「今」の立場からそれを導くのである。

これと対照的に、日本書紀では、

或所謂泉津平坂者、不㆔復別有㆓処所㆒、但臨㆑死気絶之際、是之謂歟　（巻第一神代上　第五段一書第六）

として、「泉津平坂」が実際にあるのではなく、ただ死に臨んでその息が絶えるとするその瞬間であろう、という理解を提示する。当該の一文が後人の書き入れであるとする見解（『古事記伝』等）もあり、原初の日本書紀そのものに存したものであるかどうかは不明ではある。しかし、現存する日本書紀がそのような理解を含みこんだものであることを思えば、それはやはり、古事記との理解の差を端的に示すものとしてあるといえよう。すなわち、日本書紀においては神話的世界ですらない、一種の比喩的表現として「泉津平坂」が把握されており、そこに生死の瞬間を認めようとする。それに対して古事記では、「黄泉比良坂」は「伊賦夜坂」と同定される領域であり、確固たる存在として把握される。このような彼我の差に古事記における黄泉比良坂の存在は照射される。

かくのごとき「今」を歴史的な「現在」として捉え、その成立を論じることも一方では可能であろう。しかし論者は、そのようにみるのではなく、物語を「今」の立場で受け止めるかたちで把握する立場を目指す。

そうしてはじめて、当該の一文を挿入あるいは添加といった見地からではなく、古事記のなかに生きるものとして認めることが可能となる。地名にかかわる注記一般にみられたような由来譚、あるいは注釈の対象となる語との音的な連続はもたないが、文脈に基づく紐帯を、黄泉比良坂と伊賦夜坂とを結ぶ一文は保持している。当該の一文は、物語に対して付加される、あってもなくてもかまわないというものでない。物語を導き、そしてそれに対する理解を支えるもの、作品にあって欠くべからざるものとしてある。そのような語りの機能の一端を示すものとして当該の箇所は読み取ることが可能である。それは、古事記そのものに通底する機構の表出としてあることが認められる。すなわち、物語に対して注釈的な語りが付されているようにみえて、その実、語りが物語を導くという結構である。物語と語りとの対応関係は、その断絶を提示するのではなく、むしろ両者の接近を意図したものとしてある。かく見定めることによって、古事記を一個の作品として受け止めることになるのである。

引用文献

井上展子（一九六二）「動詞の接辞化―万葉の「行く」と「来」―」（『万葉』43　一九六二年四月）
梅田徹（一九九五）「イザナキの黄泉国訪問と「大神」への変異―『古事記』の「神代」―」（『帝塚山学院大学日本文学研究』26　一九九五年二月）
姜鍾植（二〇〇〇）「「黄泉比良坂」考―「事戸を度」す場所と関わらせて―」（『古事記年報』42　二〇〇〇年一月）
神野志隆光（一九八三）「「黄泉国」をめぐって―『古事記』の神話的世界―」（『風俗』76　一九八三年九月）
佐藤麻衣子（二〇〇六）「『古事記』の意味論的表記論―「ユク（行・往）と「カヘル（還・返）」―」（『国文目白』45　二〇〇六年二月）
佐藤正英（一九八二）「黄泉国の在りか　『古事記』の神話をめぐって」（『現代思想』臨時増刊号　一九八二年九月）
戸谷高明（二〇〇〇）「神話の時空と異界」（『上代文学』85　二〇〇〇年一一月）
毛利正守（一九九九）「古事記構想論」（『古事記の現在』笠間書院　一九九九年一〇月）
吉野政治（一九九九）「「黄泉国比良坂の坂本」―黄泉国の在処について―」（『古事記年報』41　一九九九年一月）

参考文献

粂川光樹（一九七五）「古事記の「今」」（『日本文学研究資料叢書　古事記・日本書紀Ⅱ』有精堂出版　一九七五年四月）
神野志隆光（一九八六）「「黄泉国」―人間の死をもたらすもの―」（『古事記の世界観』吉川弘文館　一九八六年六月）
蜂矢真郷（一九八五）「重複と接尾―万葉集の用例を中心として―」（『万葉集研究』13　塙書房　一九八五年九月）

蜂矢真郷（二〇〇四）「上代の清濁と語彙―オホ～・オボ～（イフ～・イブ～）を中心に―」（『美夫君志』68　二〇〇四年三月）

第三節　古事記における「至今」型形式とその機能

序

古事記における「今」について、粂川光樹（一九七五）は、それを「歴史的現在のイマ」「物語の場面の中のイマ」と「成立時現在のイマ」として概括する。すなわち、

於是、二柱神議云、今吾所レ生之子、不レ良。猶宜レ白二天神之御所一、即共参上、請二天神之命一。

（上巻　伊耶那岐命と伊耶那美命）

というときの「今」は、伊耶那岐命と伊耶那美命との二柱の神がまさしく「天神のみもとに参上し、その命を請おう」と相談する時点を指す。これが「歴史的現在のイマ」である。対して、

故、其所レ謂黄泉比良坂者、今、謂二出雲国之伊賦夜坂一也。

（上巻　伊耶那岐命と伊耶那美命）

とする「今」は、伊耶那岐命が黄泉国から逃げ帰った、つまり物語の時間に属するものではなく、そこから一歩離れたところにあるもので、「成立時現在のイマ」である。

この両者を分け隔てるのは、粂川（一九七五）においてすでに指摘されるとおり、会話文中での使用か否かという点にほぼ尽きる。ただし、本章第一節でも確認したとおり、二例、地の文にあらわれながら会話文に近い様相の「今」の使用がある。

然、是御子、八拳鬚至二于心前一、真事登波受。故、今聞二高往鵠之音一、始為二阿芸登比一。（中巻　垂仁天皇）

故、為二人民富一、今科二課役一。（下巻　仁徳天皇）

本章第一節にみたとおりであるが、吉野政治（二〇〇七）の指摘のとおり、これらの「今」は内話文ではなく、地の文において物語の任意の時点を示すものと理解される。

粂川（一九七五）によって整理された、物語の内と外とで「今」の使用に差がある、とする理解の方法は、橋本雅之（二〇〇一）にも「説話内用法」と「説明的用法」として引き継がれ、日本書紀・風土記における時間概念の分析に援用されることとなった。論者もまた、この観点からの考察を行う。ただし、論者はこの「今」について、粂川（一九七五）が「歴史的現在のイマ」と呼んだものを「物語内部の今」、「成立時現在のイマ」としたものを「物語外部の今」として把握する。「今」と物語とのかかわりを現象として考究することを目的とするためである。

以下、本節においては物語外部の「今」を考察の対象とする。この「今」の使用状況の分析が論考の主目的となる。すでに第一節において示したが、こうした物語外部の「今」は、次の二八例が古事記に存する。以下の論考において詳細をみるため、改めてここに示す。

(1)故、其所レ謂黄泉比良坂者、今、謂二出雲国之伊賦夜坂一也。（上巻　伊耶那岐命と伊耶那美命）

(2)【此謂二赤加賀知一者、今酸醬者也。】（上巻　天照大御神と須佐之男命）

(3)故、其地者、於レ今云二須賀一也。（上巻　天照大御神と須佐之男命）

(4)此、稲羽之素菟者也。於レ今者謂二菟神一也。（上巻　大国主神）

(5)如此歌、即為二宇伎由比一而、宇那賀気理弖、至レ今鎮坐也。（上巻　大国主神）

(6)此之阿遅鉏高日子神者、今謂二迦毛大御神一者也。　（上巻　大国主神）

(7)故、顕二白其少名毘古那神一所レ謂久延毘古者、於レ今者山田之曾富騰者也。　（上巻　大国主神）

(8)故、於レ今、諺曰二雉之頓使一本、是也。　（上巻　忍穂耳命と邇々芸命）

(9)故、於レ今海鼠口、析也。　（上巻　忍穂耳命と邇々芸命）

(10)故是以、至二于今一、天皇命等之御命、不レ長也。　（上巻　忍穂耳命と邇々芸命）

(11)故、其一尋和邇者、於レ今謂二佐比持神一也。　（上巻　日子穂々手見命と鵜葺草葺不合命）

(12)故、至レ今其溺時之種々之態不レ絶、仕奉也。　（上巻　日子穂々手見命と鵜葺草葺不合命）

(13)故、号二其地一謂二楯津一。於レ今者、云二日下之蓼津一也。　（中巻　神武天皇）

(14)故、号二其地一謂二伊杼美一。【今謂二伊豆美一也】　（中巻　崇神天皇）

(15)故、号二其地一謂二屎褌一。【今者謂二久須婆二】　（中巻　崇神天皇）

(16)故、号二其地一謂二懸木一。今、云二相楽一。　（中巻　垂仁天皇）

(17)故、号二其地一謂二堕国一。今、云二弟国一也。　（中巻　垂仁天皇）

(18)其登岐士玖能迦玖能木実者、是今橘者也。　（中巻　垂仁天皇）

(19)故、於レ今謂二焼遺一也。　（中巻　景行天皇）

(20)是四歌者、皆歌二其御葬一也。故、至レ今、其歌者、歌二天皇之大御葬一也。　（中巻　景行天皇）

(21)故、四月上旬之時、女人、抜二裳糸一、以レ粒為レ餌、釣二年魚一、至二于今一不レ絶也。　（中巻　仲哀天皇）

(22)故、亦、称二其御名一号二御食津大神一。故、於レ今謂二気比大神一也。　（中巻　仲哀天皇）

(23)故、号二其浦一謂二血浦一。今謂二都奴賀一也。　（中巻　仲哀天皇）

(24)此歌者、国主等献二大贄一之時々、恒至二于今一詠之歌者也。（中巻　応神天皇）

(25)穴穂王子、亦、作二兵器一。【此王子所レ作之矢者、即今時之矢者也。是、謂二穴穂箭一也。】（下巻　允恭天皇）

(26)【此、云二山多豆一者、是今造木者也。】（下巻　允恭天皇）

(27)亦副二五處之屯宅一以献。【所レ謂五村屯宅者、今葛城之五村苑人也。】（下巻　安康天皇）

(28)是以、至二于今一、其子孫、上二於倭一之日、必自跛也。（下巻　顕宗天皇）

こうした、物語外部の「今」については、大きく二つの理解の方法がある。たとえば、

(1)故、其所レ謂黄泉比良坂者、今、謂二出雲国之伊賦夜坂一也。（上巻　伊耶那岐命と伊耶那美命）

について、松村武雄（一九五五）は、

　この書きざまは、伊賦夜坂をば黄泉津平坂とする観想が、「事戸度し」神話の原初的内容でなくて、より後期の発生であり、そしてそれが後人によつて問題の神話に添附されたものであることを、可なり明かに示唆してゐる。

と述べる。伊耶那岐命の黄泉国往還譚の末尾に付された当該の一文が、その神話の構成において、より後代に添加された要素であると把握し、神話学の見地からその成立を論じるのである。

　こうした成立論の方向に対して、新編日本古典文学全集『古事記』の頭注では、

　神の世界と現実の世界とのつながりを確認する言葉。この現実は、神の世界によって根拠づけられているというのである。

として、当該の一文が古事記という作品においてどのような意味をもつのか、生態論的な関心でもってその論を展開する。このように、「今」を歴史的な時間に立つものとみなして作品の生成を論じるのか、そうではなく作

品のなかにあることを認めた上で、その「今」が物語を位置づける様相を論じるのか、端的にいえば成立論と作品論の、二つの理解がある。

もちろん、右に例として挙げた理解の方法は当該の一文にのみかかわるもので、古事記全体に敷衍することはできない。しかしながら、これが古事記における、物語のなかのものでない「今」の初出例であり、以降の「今」の在りようを考えるにあたって重要な意味をもつことは否定できない。このような「今」は、単にある特定の時点を指し示すものではなく、ひとつの作品を成り立たしめる態度の標識として受け止めることが可能である。

そのような態度のことを、論者は語り、すなわち物語を生産する行為、あるいは物語として産み出すその機能、またそういった行為や機能の置かれる状況全体として理解する。以下の論は語りの在りよう、特に物語を産み出す機能について考えることでもある。この語りはオーラルに限定されたもの、伝承としてのそれではなく、あくまで作品のなかで物語を成り立たしめる行為と機能、その状況をいうものであることを確認しておく。

本節では特に、語りの表出としての「今」の全体を「於今」型の形式と「至今」型の形式とにおいて把握し、その様態をみることで古事記における語りの射程について考究する。このとき、物語の外に立つ「今」を古事記外部の歴史性に直接返して考えるのではなく、作品の内部でいかに機能しているか、それについての考察を目指す。

さて、では古事記における物語外部の「今」がどのようなものとして機能しているのか、その実際をみることにしたい。まずは「今」あることについての表現を考えることから始める。

一　「於今」型形式

(6)此之阿遅鉏高日子神者、今、謂二迦毛大御神一者也。

故、此大国主神、娶下坐二胸形奥津宮一神、多紀理毘売命上、生子、阿遅鉏高日子根神。次、妹高比売命。亦名、下光比売命。此之阿遅鉏高日子神者、今謂二迦毛大御神一者也。（上巻　大国主神）

右は大国主神の系譜の一部で、大国主神と多紀理毘売命の間の子である阿遅鉏高日子神[1]について、それが今における迦毛大御神であることを説明している箇所である。これについて、毛利正守（二〇〇四）は、

記中の「今」には物語展開上の「今」と、物語の内部での「今」ではなくて、そこから一歩離れた時点での「今」とがあり、ここの「今」は後者である。後者の「今」をもつ場合の迦毛大御神（某大御神）は、物語の展開上での天照大御神および伊耶那岐大御神（某大御神）とは、次元を異にしていると考えてよかろう。

として、物語の「大御神」と語りの「今」の「大御神」とはその意味が異なる、とする。実際、阿遅鉏高日子神の妹である高比売命は、以後の物語世界において、天若日子の妻としては「下照比売」、阿治志貴高日子根神の妹としては「高比売命」と、名称として両用がなされるのに対し、「阿遅鉏高日子神」が「迦毛大御神」とされることはない。あくまでそれは「今」においてのみ「大御神」として把握される存在である。

ここでは、当該の「今」による一文が、「阿遅鉏高日子神」と「迦毛大御神」という体言と体言とを繋ぐもの

であることに注意しておきたい。「阿遅鉏高日子神」が「今」において「迦毛大御神」であることを示すこの一文において、文法的にみれば、副詞的な機能をこの「今」は果たしている。このとき、「阿遅鉏高日子神」が「迦毛大御神」と重ね合わされるのはあくまで「今」においてのみである。同一の対象に対して、物語と「今」とでは別個の把握がなされている。そういった二重性がここでは露呈している。

さらに、こういった「今」が表記の上でさらに限定的に提示されることがある。

(4)此、稲羽之素菟者也。於レ今者謂二菟神一也。　（上巻　大国主神）

於是、大穴牟遅神、教二告其菟一、今急往二此水門一、以レ水洗二汝身一、即取二其水門之蒲黄一、敷散而輾二転其上一者、汝身、如二本膚一必差。故、為レ如レ教、其身、如レ本也。此、稲羽之素菟者也。於レ今者謂二菟神一也。故、其菟、白二大穴牟遅神一、此八十神者、必不レ得二八上比売一。雖レ負レ袋、汝命、獲之。

ここでは、大穴牟遅神が裸菟に膚を癒やすための助言をおこない、菟はその助言のとおりに膚を癒やし、そしてその菟が稲羽の素菟であると示されたのち、それが「今」の「菟神」であることが述べられる。菟は物語のなかでは「神」ではないが、「今」においては「神」たりうる存在として示されるのである。そして、物語においてその菟は大穴牟遅神が八上比売を得ることを予告する。ただの「菟」の発言ではなく、「神」と把握されうる存在の発言であることに、当該の一文の意義を認めることが可能である。つまり、その予告の確証として当該の一文は機能していると捉えるべきであろう。

ここでは「今」の前に「於」、後に「者」が置かれる。「於」は空間あるいは時間を示すもので、

天地初発之時、於二高天原一成神名、天之御中主神。　（上巻　初発の神々）

の例では、神が成りあらわれたその場所が「高天原」であることを示す。また、

於是、有㆓壮夫㆒。其形姿・威儀、於㆑時無㆑比。（中巻　崇神天皇）

では、「壮夫」の姿がそのときに比類なきものであったとする例で、「壮夫」の存在する「時」を「於」が提示している。

このようにみると、「於今」という表現は、「於」が「今」そのときを示している。まさしく語る「今」そのときである、とすることは、それが物語の時間とはまったく別であると明示することにほかならない。ここに、物語と今との差は浮き彫りとなっている。「於」自体は空間・時間を提示するに過ぎず、文脈そのものを変化させるわけではないが、「今」に付くことによって語りと物語との差をより明確にする。

そして、そのような「今」を提示するものとして「者」が添えられる。この「者」は助詞「ハ」に相当するものとして考えられるもので、古事記中に「X者〜也」の型で多く用いられる（直木孝次郎・一九五三、瀬間正之・一九九〇、山口佳紀・一九九六）。この「者」もまた、「今」を提示するものとしてはたらいている。「於」にせよ「者」にせよ、その有無は一文における意味の変化にはかかわらない。しかしながら、「今」の在りようをより際だたせるはたらきをするのである。

今あることを示す叙述は、それが物語との差を示しながら、物語内部の固有の存在と物語外部の固有の存在との連結を果たしている、と認められる。そのとき、「A於今B」というかたちをとることが多い。このとき、「今」は副詞的にはたらき、「謂」や「ナリ」などにかかって二つの体言を繋ぐ。こうした形式を「於今」型と呼ぶこととしたい。こうした「今」と物語との不連続性を認めた上で、その両者が重ね合わされることの意味を問うべきであろう。

その一方で、「於今」を含む文であり、こういった機能と完全には一致しないものの、その延長線上に位置するような用法もみられる。

(9)故、於レ今海鼠口、析也。（上巻　忍穂耳命と邇々芸命）

於是、送二猿田毘古神一而還到、乃悉追二聚鰭広物・鰭狭物一以、問言、汝者、天神御子仕奉耶之時、諸魚皆、仕奉白之中、海鼠、不レ白。爾、天宇受売命、謂二海鼠一云、此口乎、不レ答之口而、以二紐小刀一析二其口一。故、於レ今海鼠口、析也。是以、御世、島之速贄献之時、給二猿女君等一也。

これは天宇受売命が海鼠の口を裂き、それを承けて「今において海鼠の口は裂けている」とするものである。ここまで、「於今」型の叙述は体言と体言とを繋ぐものとしてあり、物語における固有の存在と物語外の固有の存在とを連結する機能をもつことをみてきた。ここでは、用言である「析」[2]が述部にあり、これまでみてきた「於今」型とはその点で異なる。「於今」型は体言にかかわるものとしてあり、体言と体言とを繋ぐものであったが、それが動作・状態を示すものへと拡大延長された、と考えてよいだろう。その意味を積極的に認めたい。ここでは、物語の文脈における「海鼠」と、今に口が裂けている「海鼠」との二重性が示されている。すなわち、神話的世界の「海鼠」と非神話的世界である「今」における「海鼠」とは別個の存在であって、そのために「於今」の形式をもつのである。

こうして「今」あることと物語との重層を認めたとき、「至今」とする形式に注意される。というのも、それが物語から「今」へと時間的に連続している、物語と今との不連続性が存しないようにみられうる可能性をもったものであるためである。この形式を物語の文脈が今へと継続し、その今は物語に含まれるとみる向きも一方にはあるが、論者はこれがあくまで物語の外部にある語りによるものとして機能していると判断する。その実際の在りようを次にみることとしたい。

「至今」と記されていても、それが会話文でなければ、その「今」は語られたものから離れた「今」としてある。とすれば、「至今」とあっても、それがあくまで「今」における結果として提示されているとみる必要があるだろう。

二　「至今」型形式

(12) 故、至㆑今其溺時之種々之態不㆑絶、仕奉也。　（上巻　日子穂々手見命と鵜葺草葺不合命）

是以、備如㆓海神之教言㆒、与㆓其鉤㆒。故、自㆑爾以後、稍兪貧、更起㆓荒心㆒迫来。将㆑攻之時、出㆓塩盈珠㆒而令㆑溺。其愁請者、出㆓塩乾珠㆒而救。如此令㆓惚苦㆒之時、稽首白、僕者、自㆑今以後、為㆓汝命之昼夜守護人㆒而仕奉。故、至㆑今其溺時之種々之態不㆑絶、仕奉也。

これは弟の火遠理命が兄の火照命を責め立てる場面である。火遠理命は海神の宮から帰還し、海神の教えのとおり、兄に鉤を返す。そして火照命が貧しくなり、火遠理命を攻めたとき、火遠理命はまた海神の教えに従って塩盈珠を用いて火照命を溺れさせる。火照命が赦しを請うと、火遠理命は塩乾珠で火照命を救う。火照命は「これ以後、自分はあなたさまを昼夜守護する者として、お仕え申し上げる」と宣言する。これを承けて「今」に「至」るまで[3]そのときのしぐさを絶やすことなくお仕え申し上げるのだ、とする。「至㆑今其溺時之種々之態不㆑絶、仕奉也」の主語は、火照命ではなく、火照命の子孫である隼人である。系譜叙述にはこの火照命が隼人らの祖であるとする一文、

火照命。【此者、隼人阿多君之祖。】　（上巻　忍穂耳命と邇々芸命）

がある。

また、隼人については、

隼人司率二隼人一。分立二左右朝集堂前一。待二開門一乃発レ声。（延喜式　巻七　踐祚大嘗祭）

群官初入自二胡床一起。今来隼人発二吠声一三節。（延喜式　巻二十八　隼人司）

のように、宮中においてそのはたらきのあったことが記録にある。古事記の内容へと還元することはできないが、隼人の在りようそのものを考える傍証としての価値を認めることは可能であろう。

ここでは、火照命の発言を契機として、「昼夜守護人」として「仕奉」することが今に至るまでその子孫である隼人のおこないに引き継がれている、とみなければならない。そして「仕奉」の対象は、物語の文脈では火遠理命であり、「今」においては天皇である。「仕奉」という動作は同一であっても、その対象は異なる。

このように、ここでは「仕奉」という動作を共通しながらも、その主体は固有の存在である「火照命」から火照命を祖とする「隼人」へ、また動作の対象は「火遠理命」から「天皇」へと、より拡大されたものに変化している。その主体と対象は物語の文脈のなかで変容するのではなく、「今」において変化したわけでもなく、ただ「今」において結果的に示されるのみである。

ここに動作の主体とその対象とにおいて、物語と「今」との不連続性を看取することが可能となる。そして「至今」をもつ文は「仕奉」のような用言にかかわるものとしてあることに注意される。

このように、「至今」を含む文は、同じく「今」にかかわるものでありながら、「於今」型とは別の機能を果たす。このようなものを「至今」型として、「於今」型と対応的な形式と把握することが可能である。

ただ、「至今」として示される「今」は、物語そのものには含まれないものとしてある。あくまで至り着いた時点としての「今」なのである。その点、次の例はそのような「今」をより強く示すものとしてあるだろう。

(24)此歌者、国主等献二大贄一之時々、恒至二于今一詠之歌者也。　（中巻　応神天皇）

又、吉野之国主等、瞻二大雀命之所レ佩御刀一、歌曰、

本牟多能　比能美古　意富佐耶岐　意富佐耶岐　波加勢流多知　母登都流芸　須恵布由　布由紀能　須加良賀志多紀能　佐夜佐夜

又、於二吉野之白檮上一、作二横臼一而、於二其横臼一醸二大御酒一、献二其大御酒一之時、撃二口鼓一、為レ伎而、歌曰、

加志能布邇　余久須袁都久理　余久須邇　迦美斯意富美岐　宇麻良爾　岐許志母知袁勢　麻呂賀知

此歌者、国主等献二大贄一之時々、恒至二于今一詠之歌者也。

これは、吉野の国主らが大雀命の身につけている大刀を褒め称えて歌を詠い、また御酒を献上するときに歌を詠ったことを承けて、「この歌は国主らが大贄を奉るそのときに、今に至るまで詠う歌である」とする箇所である。

ここでは「今」に対して助字「于」が使用されている。この「于」は「於」と同様に時間・空間を示すものとしてある。[4] この「于」によって「今」がひとつの帰着点として明示されていることは確かである。つまり、「于」によって「今」と「至」がより強固に接合されているとみるべきであろう。「于」が「今」に付されることによって「いまにいたる」という文意そのものが変化するわけではないが、しかし至り着く「今」はより強く示される。

作品に沿っていえば、物語のなかでは固有の存在としてある国主らが大雀命に対して歌を詠う。そしてそれが、「今」においては対象が明示されないにせよ、「大贄」という表現から天皇に変化していると考えてよかろう。詠

うのも応神天皇条での「国主等」とは異なる「国主等」である。つまり、至り着いた「今」においての「国主等」は、応神天皇条における固有の存在ではなく、集合としての「国主等」と解釈される。またその対象も、大雀命や個々の天皇といった固有の存在ではなくそのときどきの天皇を包括する全体として意識される。「今」においては、動作主体も対象もその範囲が拡大されるのである。

「至今」型の形式をもつ叙述は、右のように要素の拡大と用言に関連するものとしての在りようを示しつつ、その一方でその拡張ともいえる用法を可能とする。この点、機能の観点から他の用法と比較し、後述することとしたい。

(5)如此歌、即為二宇伎由比一而、宇那賀気理弖、至レ今鎮坐。　（上巻　大国主神）

又、其神之適后須勢理毘売命、甚為二嫉妬一。故、其日子遅神、和備弖、自二出雲一将レ上二坐倭国一而、束装立時、片御手者繫二御馬之鞍一、片御足蹈二入其御鐙一而、歌曰、

（歌略す）

爾、其后、取二大御酒坏一、立依指挙而、歌曰、

（歌略す）

如此歌、即為二宇伎由比一而、宇那賀気理弖、至レ今鎮坐。此謂二之神語一也。

これは須勢理毘売命が八千矛神と歌を詠い交わし、そしてその最後に杯を交わし、抱き合って今に至るまで鎮座している、という場面である。ここでは、文は終始一貫して須勢理毘売命と八千矛神にかかわるものとしてある。先にみたような主体や対象の変化はみられない。しかし、「鎮座」という用言にかかわるために、ここでは「於今」ではなく「至今」としてあると考えられる。

このように、「至今」型の形式をもつ文は、応用的な語り方を可能としながらもその基本的なあり方としては、「今」に至るまである動作や状態が継続すると叙述し、その実、多く主体や対象の拡大を許容する。物語そのものが継続しているのではなく、物語と至る「今」との間には懸隔がある。「於今」型がそういった変化を基本的に認めないのとは対照的である。

ただ、「至今」型形式はあくまで「今」における要素の拡大を認めるのであって、文全体が無範囲に拡大されるわけではない。むしろ、内容としては「今」に収斂する。その動作や事態は物語でのみ完結するものではなく、語る「今」によって形づくられるものとしてある。そのとき、作品の在りようとしては物語があり、それが語りの「今」へと繋がっているようにみえる。しかし、その実際としては、物語を「今」が形成し同定している。作品において語りは、ただ物語に対して追加的に付与されるものではない。言うなれば、語られるものは独立してあるのではなく、それを成り立たしめる意図として語り（物語るもの）がある。「神話の関心が、たんにかつてあったものではなく、むしろ今ある諸関係に向けられている」（西郷信綱・一九七七）ためである。

三　機能の観点から

では、これまでにみてきた機能を確認する目的から、「於今」型形式と「至今」型形式とを相互に書き換えてみたい。

・「於今～」型→「至今～」型

(1') ＊故、其所㆑謂黄泉比良坂者、至㆑今謂㆓出雲国之伊賦夜坂㆒也。

(4')＊此、稲羽之素菟者也。至レ今者謂二菟神一也。

(6')＊此之阿遅鉏高日子神者、至レ今、謂二迦毛大御神一者也。

(9')故、至レ今海鼠口析也。

・「至今〜」型→「於今〜」型

(10')故是以、於レ今天皇命等之御命、不レ長也。

(12')故於レ今、其溺時之種々之態不レ絶、仕奉也。

(20')是四歌者、皆歌二其御葬一也。故、於レ今、其歌者、歌二天皇之大御葬一也。

(21')故、四月上旬之時、女人、抜二裳糸一、以レ粒為レ餌、釣二年魚一、於レ今不レ絶也。

(24')此歌者、国主等献二大贄一之時々、恒於レ今詠之歌者也。

(28')是以、於レ今、其子孫、上二於倭一之日、必自跛也。

(5')＊如此歌、即為二宇伎由比一而、宇那賀気理弖、於レ今鎮坐也。

(1')の表現では、黄泉比良坂が今に至るまでずっと伊賦夜坂である、となってしまう。しかし、黄泉比良坂と伊賦夜坂はあくまで異質の存在であって、この表現では意が通じない。ここでは、黄泉比良坂と伊賦夜坂とが同じものとして示される、つまり異質な両者が重ね合わされるところに意味がある（本章第二節に詳説）。(4')および(6')においても事情は同様で、(4')ではあくまで菟は菟神であってはならず、ただそれが「今」において把握されるときに「菟神」であることに意味があり、(6')では阿遅鉏高日子神が大御神とされることは物語ではありえないのである。同一の対象について、語られるものと語るものとにおいては把握が異なるのであって、その重層性を作品が抱え込んでいることの意味を問わねばならない。

　これらに対して、(9')は文としては成立しうる。しかし、本来の文である「故、於レ今海鼠口析也。」が結果の提示であったのに対し、この「故、至レ今海鼠口析也。」では状態の持続へと意味が転化してしまっている。「於今」と「至今」との両用が可能であっても、より詳細にみれば、意味するところは別個とみなければならない。また、(9')がひとつの文としてその意味を正確に読み取ることが可能なのは、あくまで(9)の文がすでにあってその意味するところをわれわれに提示しているからにほかならない。仮に、当該箇所が最初から「故、至レ今海鼠口析也。」とあったとき、その文意は「海鼠は今に至るまでずっと口が裂けている」と解釈される。その場合、神話的な存在としての海鼠がいまだにそこにいる、と解釈されよう。ここにおいて、(9')のように「至今」を用いたその一文は、神話的で固有の存在としての海鼠が「今」における海鼠一般へと拡大されえないこととなる。口の裂かれた海鼠が「今」に「至」るまで存在していてはならない。天宇受売命に口を裂かれた「海鼠」と、「今」口が裂けている「海鼠」とは別個のものである。ここに(9)が「至今」ではなく「於今」で記される理由がみいだせよう。

　これら「於今」型であったものを「至今」型にしてしまったとき、その文意が不明確になるのに対し、「至今」型を「於今」型に書き換えたとき、(5')を除き、すべて意味が通じる文として成り立つ。たとえば(21')の場合、神功皇后が年魚を釣ったことを承けて、「今」においても女性が年魚を釣ることが絶えない、としてあっても文としてはなんら不都合がない。実際、類似した内容をもつ日本書紀巻第九神功皇后摂政前紀においては、

　是以其国女人毎レ当二四月上旬一、以レ鉤投二河中一、捕二年魚一、於レ今不レ絶。

と、「至今」ではなく「於今」として表現される。そういった多様な書き方の可能性を孕みつつ、にもかかわらず、表現としては「至今」へと偏っている。これは、用言にかかわるものであるか否か、という点が大きい。また、(21)の場合、その主体が「女人」として提示されているため、(9')のような主体の混同が起こりえない点も、そ

の偏りを考える一助となるであろう。

これに対し、(5')は文としての整合性を欠くことになる。このように「於今」型を用いると、須勢理毘売命の動作である「此歌、即為㆓宇伎由比㆒而、宇那賀気理弖㆒」の時制が浮くかたちとなる。一連の動作は物語のなかでのものであって、ここを「於㆑今鎮坐也」とすると、「此歌、即為㆓宇伎由比㆒而、宇那賀気理弖㆒」までもが「今」の動作に限定されてしまう。このように考えたとき、(5')は表現として不適当であると判断される。あくまで「鎮座」は物語から語る「今」へと地続きで、物語の全体が「神語」[5]として把握されるのである。

このように、「於今」型と「至今」型とは、体言にかかわるか用言にかかわるかといった点、あるいは要素が個別的であるか拡大されるかといった点において、その機能を異にしており、その差は明確に意図されたものとしてあるといえる。しかしながら、物語を「今」が形づくるはたらきを両者ともに果たすのであって、その意味においては「於今」型と「至今」型とはともに語りの局面において把握されるものである。

結

物語の外部に立つ「今」を含む文には二様がある。「於今」型の形式を含む文が物語に対する挿入とみられかねない側面を有するのに対し、「至今」型の形式の文は逆に、物語の文脈からの延長とも受け取られかねない様相を呈する。しかし、「於今」型であれ「至今」型であれ、それら語る「今」による叙述は物語を導くものとして、その在りようを認めることができる。

(4)此、稲羽之素菟者也。於㆑今者謂㆓菟神㆒也。　（上巻　大国主神）

は、物語中では終始「菟」と表現されるものが「今」において「菟神」と把握され、そこに神としての性質を提示する。「菟」あるいは「菟神」として作品にあらわれるその存在は、物語ではあくまで「菟」であるが、非神話的な「今」においては、「神」として受け止められるのである。さらに、そういった「神」としての理解が示されることにより、物語における「菟」の発言に予告としての確証を与えることにもなる。

「於今」型の形式を含む文は原則として体言にかかわるものとしてある。物語のなかに登場する任意の存在が、語りの「今」においては別個のものとして示される。それは、任意の存在について、物語と「今」とにおける把握の差異として表出することにほかならない。物語でのある存在について「今」における理解を示すことは、直接物語に還元されるものではない。しかし、そのような「今」の提示により、物語は同定され、作品に定位される。このとき、物語と「今」とが指し示すものは存在として同一ではあるが、しかし、物語と「今」とにおいては把握のされかたにおいて別なものとしてある。

一方、「至今」型に目を向けると、

⑿故、至ㇾ今其溺時之種々之態不ㇾ絶、仕奉也。
（上巻　日子穂々手見命と鵜萱草葺不合命）

の場合、物語では「火照命」が「火遠理命」に対する服従を誓い、「今」においては「隼人」の「天皇」に対する服従の継続が述べられる。ここでは、服従という動作を共通してもちながら、物語と「今」とではその主体と対象が変化している。その変化もただ別の要素に置換されるのではなく、物語を起源として、「火照命」から「隼人」あるいは「火遠理命」から「天皇」といった、より拡大されたものとしてある。

「至今」型形式では、用言を共通要素とする。つまり、ある動作や状態にかかわってあり、その動作主体と対象とが変化する。その変化は物語から「今」にむかって拡大される。こうしてみると、物語と「今」とには懸隔がある。物語を起源としながら、帰着する「今」においてその物語を引き継いだ動作や状態の主体・対象は変化している。同一の動作や状態でありながら、動作主体や対象において、物語と語りの「今」とには差があって、それは時間的なものとして表出する。その意味で、「至今」型形式と「於今」型形式とは同じ機能を果たすものといえる。

　このように、「於今」型がある要素にかかわって個別な存在にかかわって物語を導くのに対し、「至今」型は用言にかかわって古事記の物語を拡大・敷衍する点においてその機能を異にする。しかしそのいずれであっても、両者ともに物語の外部に立って物語を定位するはたらきをすることにかかわりはない。こうして物語の外部の「今」に立つ二つの形式の差異は確かめられる。

　すなわち、物語が「今」へと連続するか否かという時間的連環《つながり》によって両者は異なるのではなく、語りの「今」が物語とどのようにかかわるのかという意味的関連《かかわり》のちがいでもってその質の差異は確かめられるのである。

　こうした「今」が古事記のなかで饒舌に表現されるのに対し、「古」「昔」は会話文・地の文を問わず、ほぼまったくといってよいほどに姿をみせない。音仮名や人名等を除き、時間概念を示す「古」は、古事記中に一例のみあらわれる。ただし、

　自二往古一至二今時一、聞三臣・連、隠二於王宮一、未レ聞三王子、隠二於臣家一。（下巻・安康天皇）

として、物語の登場人物である都夫良意美の発言中に使用されるものであり、「古」の及ぶ範囲は都夫良意美の認識の内であって、これはあくまで物語のなかでの時間概念に属するものである。また、「昔」も一例のみ使用される。

又、昔、有㆓新羅国王之子㆒。名、謂㆓天之日矛㆒。是人、参渡来也。（中巻　応神天皇）

これは、この箇所に先立って、開化天皇条に「天之日矛」の子孫である「葛城之高額比売命」「息長帯比売命」が、垂仁天皇条に同じく「天之日矛」の子孫である「多遅摩毛理」が登場しており、そのために「昔」で語り始められるところである（補完的後説法）。この「昔」は物語中での時間軸に沿って任意の時点を指定するもので、物語の外部に存する語りの「今」に対するものではない。

このように、「古」「昔」は、物語そのものを概括する、つまり語りの「今」に対するものとしては作品の表面にあらわれない。逆にいえばそれらの語が本来含みもつ観念は、「今」が表出することによって影のように姿をみせるといえる。このとき、「今」に対する物語の概念把握としては、「ムカシ（昔）」ではなく「イニシヘ（古）」が適当であろう。西郷（一九七七）は、「「昔」なるものが「今」から、「今」とは異なる時期として対象化されている」と述べた上で、

> ムカシという語じしん、ムカフ（向）に由来しており、ひとつの彼方なる、向こう側の時期を指し示しているといっていい。その点ムカシはイニシエ＝往ニシヘ（古）とは、含意するところをおのずと異にする。

と指摘する。物語としての「イニシヘ」が語りの「今」とは別個の存在であることを暗黙のうちに認識した上で、それが「今」へと続いている。単に物語の「イニシヘ」と語りの「今」とは断絶するのではなく、それが重ね合わされるところ、その有縁性をみるところに、一個の作品である古事記それ自体の在りようを認めることができるのである。この「今」は物語そのものではなく、かつ作品の外部に存する歴史的時間そのものでもない。

そして、このように「イニシヘ」としての物語と、それに対する「今」——それは、歴史的時間に還元されるものではなく、物語を産み出す状況そのものといえる——とのかかわりを読むとき、まさしく「イニシヘ」のことを

語る「古事記」という作品に対して焦点を合わせることが可能となるだろう。さらにそれは、古代におけるひとつの作品の帰納されゆくところでもある。

注

（1）古事記においてアジスキタカヒコネは「阿遅鉏高日子根」「阿遅鉏高日子」「阿遅志貴高日子根」といった表記の異同がある。「鉏」のキは甲類、「貴」のキは乙類の仮名であり、また「鉏」のスと志のシも音が異なる。この要因を原資料の差もしくは音の転化とみる説（『古事記全註釈』）や歌謡の「阿治志貴多迦比古泥能迦微」に引かれたとみる説（『古事記注釈』）等がある。また、シタデルヒメについても「下光比売」「下照比売」の両用がなされる。これらについて、表記は異なるものの、「アジスキタカヒコネ」「シタデルヒメ」という存在を指し示すものとしてあると把握しておく。

（2）当該の「析」は、真福寺本をはじめ、伊勢系本・卜部家系本ともに「折」とし、おうふう『古事記』等も同様の字を採るが、新編日本古典文学全集『古事記』および日本思想大系『古事記』等では「析」を採る。「折」「析」ともに「サク」と訓読されうる字であり、引用の都合上「析」を採る。

（3）古事記中の「至今」を延佳本では「今ニ至テ」と訓むところもある（5）・（20）・（21）が、古事記のその他の諸本および日本書紀の古訓、訓点資料等に「至今」を「今ニ至ル（マデ）」以外で訓読するものがみられないため、ここでは「今ニ至ルマデ」と訓むこととする。

（4）古事記において、ある場所やある時間に「至」る場合、その場所や時間を示すときに「於」が使用される場合は皆無である。漢籍においては、「至」が用いられるとき、必ずしも「今」を「于」が提示せず、「於」が用いられることもある。

世好レ伝レ虚、故文摯之語、伝至二於今一。

昔者周公旦、朝読二書百篇一、夕見二漆十士一。故周公旦佐二相天子一、其脩至二於今一。

（論衡　巻第七　道虚第二十四）

（墨子　巻之十二　貴義第四十七）

また、日本書紀でも、「至于今」の例がみられる一方で「至於今」の例も存する。

故物部連等至㆓于今㆒治㆓石上神宝㆒、是其縁也。

（巻第六　垂仁天皇　八十七年二月）

及㆓至於今㆒、望㆘因㆓遊猟㆒、而謀㆗替立㆖、密使㆓人於穴穂部皇子㆒曰、願㆓与皇子㆒将㆑馳㆓猟於淡路㆒。謀泄。

（巻第二十一　崇峻天皇　即位前紀）

（5）須勢理毘売命の「鎮坐」で閉じるこの物語の全体が「神語」として把握される。この点、新編日本古典文学全集『古事記』の頭注、

八千矛神が沼河比売・須勢理毘売と歌い交わすという、歌を中心とする物語全体を指す言葉。通説では、上記の四首の歌の歌曲名とするが、歌曲名は「―振」「―歌」のように記されるのが『記』の原則である点などからみて、歌曲名とは考えにくい。

が示すところは大きい。

引用文献

粂川光樹（一九七五）「古事記の「今」」（『日本文学研究資料叢書　古事記・日本書紀Ⅱ』有精堂出版　一九七五年四月）

西郷信綱（一九七七）「神話と昔話」（『神話と国家』平凡社　一九七七年六月）

瀬間正之（一九九〇）「上代に於ける「者」字の用法―助辞用法から助詞表記へ―」（『記紀の文字表現と漢訳仏典』おうふう　一九九〇年一〇月）

直木孝次郎（一九五三）「古事記用字法に関する一試論」（『人文研究』4―9　一九五三年九月）

橋本雅之（二〇〇一）「古風土記における過去と現在―古風土記編纂の視点―」（『古事記年報』43　二〇〇一年一月）

松村武雄（一九五五）『日本神話の研究（二）』（培風館　一九五五年一月）

毛利正守（二〇〇四）「古事記と日本書紀の称号「神・命・尊」をめぐって―神代の巻を中心に―」（『論集上代文学』

山口佳紀（一九九六）「『古事記』における「者」字の用法と解釈」（『山口明穂教授還暦記念国語学論集』明治書院　一九九六年六月）
吉野政治（二〇〇七）「古事記の地の文のイマ（今）について」（『古事記年報』49　二〇〇七年一月）

参考文献

藤原照等（一九六三）「古事記の助字「於」と「于」」（『国文学攷（広島大学）』30　一九六三年四月）

第二章　日本書紀の時間表現

第一節　日本書紀の「今」

序

これまで、日本書紀はその史料的性質から、素材論へ還元されることがあり、また成立論的に扱われることが多かった。またその作品論的研究も、同時代の資料であるところの古事記や風土記に比して、必ずしも盛んであったとはいえない。とはいえ、もちろん、そのような研究が皆無であったわけではない。しかしそれらの多くは、出典・引用の指摘や内容の理解についてのものである。

本書では第一章で、古事記における「今」を中心として、その語りの機能を論じてきた。そこでは、「今」が物語と異なるものとしてありながらも、「今」あることが物語を定位している様相を看取することができた。つまり、語るものの内容が語られるものの内容と別個のものであることは意識されつつ、かつそれらが交わる結構を指摘することが可能であった。こうして、物語を位置づけるものとしての語りの関係を考えることによって、古事記という作品の在りようを認めることが可能なのである。しかし、はたしてこのような把握の方法は古事記のみならず、古代の神話テキスト全体に共通しうるものなのか。本節においては、古事記と同時代の作品である日本書紀を中心として、その時間表現、殊に「今」の在りようを考察し、日本書紀の構造を語りと物語の関係から捉えたい。

ある作品のなかに「今」という時間が表出するとき、それは物語内部の時間に属するものとそうでないものとがある。たとえば、

於レ是素戔嗚尊請曰、吾今奉レ教将レ就二根国一。
（巻第一　神代上　第六段正文）

の場合、これは素戔嗚尊が「奉レ教将レ就二根国一」と発言するなかの「今」であり、当然のことながらこの「今」は素戔嗚尊にとっての「今」であって、つまりそれは物語のなかでの「今」にほかならない。これに対して、

皇師遂東舳艫相接。方到二難波之碕一、会下有二奔潮一太急上。因以名為二浪速国一。亦曰二浪花一。今謂二難波一訛也。
（巻第三　神武天皇　即位前紀戊午年二月丁未）

では、神武天皇の軍勢が難波之碕に至ったとき、潮流が速かったがためその地に浪速［ナミハヤ］あるいは浪花［ナミハナ］の名が付き、その地が「今」において難波［ナニハ］と転訛したことが示される。確かに神武天皇は「難波」之碕に至ったと語られるにせよ、物語において決定される地名はあくまで「浪速」「浪花」である。そしてその地が「今」において「難波」という名としてある。その地を浪速・浪花と呼ぶ物語の内部の時間に対して、難波という転訛した地名を示すこの「今」が、物語を語るものとしての立場、物語の外部にある時間としてあることは容易に理解されるだろう。このような物語の内と外とを基準とする時間概念の把握は日本書紀のみならず、古事記やその他の文献においても可能な、古代においてすでに普遍的なものとしてある。にもかかわらず、物語と語りとの関係は、個々の作品において異質である。物語の内外という把握を基底としつつ、作品間で

物語と語りとの関係にいかにあるのかを考える必要がある。

本節では、日本書紀を対象として、このような物語の外にある「今」を考察の対象とし、物語とのかかわりかたについて考えることとする。以下にみるとおり、日本書紀の「今」は「古」「昔」と交わらず、いわば相対的である。これまでの研究では、日本書紀の「今」は七二〇年の現在と同一視され、また「古」「昔」として示される物語世界も七二〇年からみた過去として、その史実としての確かさ（あるいは不確かさ）が考察の対象となることが少なくない。しかし、「今」と「古」「昔」とを作品から抽出してその価値を求めるのではなく、作品に「今」と「古」「昔」とが内在すること、かつそれが向き合いながらも交差せず別個のものとしてあることの意味を考える必要があるだろう。物語として、連続した時間が「古」「昔」の世界として把握され、それを把握する立場が「今」として示されている、とみるべきである。それはつまり、単に時制の問題を考察するのではなく、ひとつの作品がいかにあるか、と考えることにほかならない。

一　日本書紀の「今」

日本書紀における「今」は全四五六例（ただし、異同を有する箇所および固有名詞の一部となっているものを除く）、そのうち会話文中での使用が三六〇例ある。会話文中の「今」は発話者にとっての「今」であるから、すべて物語の時間に属することとなる。これに対して、地の文での使用は九六例ある。地の文は物語を語る立場のものであるから、おのずとその「今」の大半は物語の外部のものとなる。しかしながら、なかには地の文でありながら、以下の例のように物語のなかの時点を示すものもある。

一書曰、日月既生。次生二蛭児一。此児年満二三歳一、脚尚不レ立。初伊奘諾・伊奘冉尊、巡レ柱之時、陰神先発二喜言一。既違二陰陽之理一。所以今生二蛭児一。

（巻第一　神代上　第五段一書第二）

まず伊奘諾尊と伊奘冉尊とが蛭児を生んだが、その蛭児が三歳になっても歩くことができない、と述べる。そこから時間を引き戻し、伊奘諾尊と伊奘冉尊が柱をまわってことばを交わしたとき、伊奘冉尊が先に声を発したことが陰陽の理をたがえた、と説明し、だからこそ「今」蛭児が生まれたのだ、とする。この「今」を語りにおけるそれと考えることはできない。あくまで物語におけるある時点を「いまそのとき」として示しているものとして理解されねばならない。このような、地の文にあって物語の時制に属するようなものは一八例存する。この用法は「今」単独の使用のみならず、

壬午、賜二所レ過神郡及伊賀・伊勢・志摩国造等冠位一、并免二今年調役一、復免下供奉騎士・諸司荷丁・造行宮丁今年調役上、大二赦天下一。

（巻第三十　持統天皇　六年三月壬午）

のように熟したかたちでもその使用がみられる。これらは、物語の時点を提示している。「此時」あるいは「其時」に近い用法とみられる（この用法については「古」「昔」の在りようとあわせて次節で述べるところがある）。こうして残った七八例が物語外部の、語りの「今」である。

このような「今」において、語り手が語ることそれ自体に触れるものがある。

【…帝王本紀、多有二古字一、撰集之人屢経二遷易一。後人習読、以レ意刊改、伝写既多、遂致二舛雑一、前後失レ次、兄弟参差。今則考二覈古今一、帰二其真正一。一往難レ識者、且依レ一撰、而注二詳其異一。他皆効レ此。】

（巻第十九　欽明天皇　二年三月）

ここでは系譜に関して典拠となる「帝王本紀」に記された内容を「真正」に帰し、かつそれのあたわざるときに

は異同を記す旨が示される(1)。これを生身の作者たる編纂者の声とみなし、日本書紀の成立そのものの立場からその言及の意味を問う方法もあろう。しかし、たとえば古事記に序があるのと同じように当該の文が本編の外にあるわけではなく、内にあることの意味を見定める必要がある。そのように作品をみる立場からすれば、これは（系譜叙述という限定においてではあるが）語り手が物語を語ることの一端について、その意味を述べているものと考えられる。すなわち、物語を語るその行為自体の前提になる方法について述べている。物語の世界は「真正」に帰した結果としてあり、語り手は物語世界の構築にかかわりつつ、かつそれがなったのちにはそこに踏み込むことがない。換言すれば、物語世界はその存在を認められることで語りの手から離れるのである。

この七八例のうち、日本書紀に独自の内容で古事記に類例のないものも多いが、また古事記に類似した内容をもつものも数例ある。一例を挙げると、

然後行覓二将レ婚之処一、遂到二出雲之清地一焉。【清地、此云二素鵝一。】乃言曰、吾心清清之。【此今呼二此地一曰レ清。】於二彼処一建レ宮。

（巻第一　神代上　第八段正文）

とするものがそれにあたる。素戔鳴尊が婚姻の場所を求めた結果、清地にたどりつき、そこで「吾心清清之」と言った。そのゆえに「今」においてその地を「清」と呼ぶのだ、とする。これに類似するのが次の例である。

故是以、其速須佐之男命、宮可二造作一之地求二出雲国一。爾、到二坐須賀【此二字以レ音。下效レ此。】地一而、詔之、吾、来二此地一、我御心、須々賀々斯而、其地作レ宮坐。故、其地者、於レ今云二須賀一也。

（古事記　上巻　天照大御神と須佐之男命）

こちらでは、須佐之男命が婚姻の場所ではなく、宮を作るための場所を求めたことにはなっているが、しかし須佐之男命が「我御心須々賀々斯」と発言したために「今」その地を「須賀」と呼ぶところに内容の類似をみるこ

とができる。

このような類比だけをみれば、日本書紀と古事記の「今」が、その語りの機能としても等質であるかのような印象をうける。しかし古事記にはみられない「今」の使用例が日本書紀にはみられる。「古」「昔」と同時に用いられる「今」である。それは、作品内部において語り手の立つ位置が「今」であり、かつその立場からすれば物語自体を「古」「昔」として把握していることにほかならない。この点において、日本書紀の「今」が古事記の「今」と異なることを指摘しうる。

已而弟猾大設二牛酒一以労二饗皇師一焉。天皇以二其酒宍一班二賜軍卒一、乃為二御謡一之曰、
于儾能　多伽機珥　辞芸和奈破蘆　和餓末苑夜　辞芸破佐夜羅孺　伊殊区波辞　区旎羅佐夜離　固奈瀰餓
那居波佐麼　多智曾麼能　未廼那鶏句塢　居気辞被恵瀰　宇破奈利餓　那居波佐麼　伊智佐介幾　未廼於
朋鶏句塢　居気儾被恵瀰
是謂二来目歌一。今楽府奏二此歌一者、猶有二手量大小、及音声巨細一。此古之遺式也。
（巻第三　神武天皇　即位前紀戊午年八月乙未）

これは天皇の詠った歌を来目歌とし、その歌が「今」楽府で詠われるときの舞の所作や歌声の声調は「古」の方法が残っている、とする箇所である。ここでは語る「今」において物語を「古」として認識している。

蛇酔而睡。素戔嗚尊乃以二蛇韓鋤之剣一、斬レ頭斬レ腹。其斬レ尾之時、剣刃少欠。故裂レ尾而看、即別有二一剣一焉。名為二草薙剣一。此剣昔在二素戔嗚尊許一、今在二於尾張国一也。
（巻第一　神代上　第八段一書第三）

右は、素戔嗚尊が大蛇の尾を斬り裂いたときに剣を見つけた場面である。その剣の名は草薙剣であり、「昔」は素戔嗚尊の許にあったが、「今」は尾張国にある、とする。物語の時間が「昔」、その物語を語る時間が「今」

として示される。

前例では「今」の楽府での詠いかたの由来として「古」を認めるのに対して、後例が「此剣」を主語として「昔」と「今」とにおけるその所在を述べる。ただ、いずれにせよ「古」「昔」として示した物語と語る「今」とを対置していることにかわりはない。

こうした「今」と「古」「昔」の相対は古事記にはみられない。というよりも、そもそも古事記には物語を「古」「昔」として示すことがない[2]。日本書紀においてはまさしく、語りの「今」と、語る対象すなわち物語が「古」あるいは「昔」として、同時に立ち現れている。物語の時間は、そのなかでは線状に流れるものとしてある。しかし、「今」によって物語そのものは「古」あるいは「昔」という定点として概括される。この「古」「昔」は「今」に照らし出されることによってひとつのかたちをなし、また「今」も物語から離れることにおいて意識にのぼる。つまり、ここでは二つの時間が交わることのない相対的なものとして記されている。

このとき、「古」と「昔」とは同列に扱われる。漢語「古昔」が、万葉集のなかに、

古昔《イニシヘ》尔《ニ》　君の三代経て　仕へけり　我が大主は　七代申さね　（巻十九　四二五六）

として、その使用がみられることを傍証として考えるならば、日本書紀においては「古」も「昔」も「今」に対する世界としての限定のうえでは、同列に理解することが可能であろう。なお、その詳細については次節でみることとする。

かくして古事記と同等の内容にみえるような日本書紀の「今」もまた、「古」「昔」との相対を含んだものと考えてよいだろう。同一の作品のなかで、一方が物語と相対をなす「今」でありながら、他方が古事記のように物語を覆う「今」であると考えるのは、作品の把握の方法そのものに矛盾を許すことになる。とすれば、「古」

「昔」との対応を明確に示さない「今」であっても、日本書紀という作品の内部にあらわれる「今」は、物語としての「古」あるいは「昔」との相対を含むものとして考えるべきである。

ただし、このような「今」と「古」「昔」との相対が示される例は、日本書紀においてさほど数が多いとはいえない。「今」単独で使用されるものが大半を占めており、そのような単独例について意味を論じるのは難しい。しかしながら、一方で「古」「昔」単独の使用で物語を概括する表現が一〇例程度みられ、これをあわせて考えれば日本書紀において物語を「古」「昔」とし、語りを「今」として相対的に配置する構造はより明確に看取することができる。つまり、単独の使用であっても、そのような相対的な在りようが根底にあってこそ可能となるのである。

このとき、作品として日本書紀を扱うのであれば、この「今」を作品外部にある歴史的時間としての「今」と同一視し、他の作品にある「今」と接触させるべきではあるまい。「今」が作品の内側にあり、かつ作品の外縁部に位置して物語を「古」「昔」として対象化しているとみなければならないのである。まさしく、物語の世界と語りの世界とが作品のうちにおいて共存している。

二　「時人」と「世人」

さらに、この二つの世界は時間的に相対であるにとどまらない。

初孔舎衛之戦、有レ人隠二於大樹一而得レ免レ難。仍指二其樹一曰、恩如レ母。時人因号二其地一曰二母木邑一。今云二飫悶廼奇一訛也。

（巻第三　神武天皇　即位前紀戊午年四月甲辰）

ここでは、孔舎衛において神武天皇の軍勢と長髄彦の軍勢とが戦ったとき、ある人が大樹に隠れて難を逃れ、そのためにその樹を指さして「この樹への恩は母のようだ」と言い、そして「時人」がその地を「母木邑」と名付けた。さらにその母木邑を「今」において「飫悶廼奇」と呼ぶのは転訛である、とする。つまり、物語の世界では出来事の当事者（人）と傍観者（時人）とがあり、さらにその物語の世界全体を「今」において捉えている。このように、単に物語の世界をひとつの文脈として語るのみならず、その文脈から離れた「時人」が物語世界内に配置されている。「時人」と「古」「昔」とは直接に結びつけられてはいないが、しかし「今」において描き出されることを含んで考えれば、この「時人」が「今」の世界に相対する物語の世界に存在するものとして理解される。(3)

「時人」が「昔」に置かれるものとして、次の例がある。

八月、到二的邑一而進食。是日膳夫等遺レ盞。故時人号二其忘レ盞処一曰二浮羽一。今謂レ的者訛也。昔筑紫俗号レ盞曰二浮羽一。　（巻第七　景行天皇　十八年八月）

この例では、「今」と「昔」とが相対的で、かつ「昔」に「時人」が配されている。景行天皇の一行が筑紫の的邑に到着して食事をとったとき、その膳夫たちが盞［ウキ］を忘れた。そのために「時人」はその盞を忘れたところを浮羽［ウキハ］と名付けた。その地を「今」において的［イクハ］と呼ぶのは転訛であり、「昔」の筑紫の俗《くにひと》は盞を浮羽と言ったのだ、とする。この「時人」は盞をウキではなくウキハと呼ぶひとびと、すなわち「筑紫俗」を含むものとしてある。ここでは「昔」においてウキハと呼ばれた地が「今」においてはイクハとなっており、かつ「筑紫」の「俗」がウキハと呼ぶ盞を、語りの位置からはウキと呼ぶ。(4)つまり、地名［ウキハ］――［イクハ］の対応と同時に、「盞」の呼び方について［ウキハ］――［ウキ］という、方言と中央語の対応がみてとれよう。

かくして、物語の世界にはそこに出来事の傍観者が配され、そしてその物語の世界全体を俯瞰する「今」がある。すなわち、物語世界において傍観者を認めることで、そこに出来事の世界とは異質な空間を現出させている。物語の世界は筋立てのみで成り立つのではなく、その事態を認識するものの存する空間を含めたものとしてである。

また、「今」においても「世人」が配される。

然後伊奘諾尊追二伊奘冉尊一、入二於黄泉一、而及之共語。時伊奘冉尊曰、吾夫君尊、何来之晩也。吾已湌泉之竈矣。雖レ然吾当二寝息一。請勿視之。伊奘諾尊不レ聴、陰取二湯津爪櫛一、牽二折其雄柱一以為二秉炬一、而見之者、則膿沸虫流。今世人夜忌二一片之火一、又夜忌二擲櫛一、此其縁也。（巻第一　神代上　第五段一書第六）

「化去」した伊奘冉尊を追い、伊奘諾尊は黄泉国へと行く。そして伊奘諾尊は伊奘冉尊と会うが、伊奘冉尊は自分が「湌泉之竈」をしたと述べ、休息する。その姿を見るな、と伊奘冉尊は伊奘諾尊に言い残すが、しかし、伊奘諾尊は湯津爪櫛を折り、その櫛の歯に火をつけて伊奘冉尊を見る。そこには膿が沸き出し蛆のたかる妻の姿があった。そのゆえに、「今」の「世人」は夜に一つ火を灯すことを忌み嫌い、また投げ櫛を禁忌とする。

この「世人」は「今」にあるもので、その意味で右にみた「古」「昔」にある「時人」と対照的である。「今」においてもまた、「世人」の置かれることは重要である。というのも、物語を「世人」が承け、その「世人」を「今」において語るという複層をここにみてとれるためである。

「時人」が常に物語の世界の存在であるのに対して、「世人」は必ずしも「今」に属するわけではない。日本書紀中に「世人」の例が一〇例あるなか、「世人〜（其）縁也」とするものが八例ある。これは右の第五段一書第六の例と同様に、物語の外にあるものとしての「世人」と認められる。残りの二例のうち一例も、

次双三生億岐洲与二佐度洲一。世人或有二双生一者、象レ此也。（巻第一　神代上　第四段正文）

として、世の人に双子が生まれるのは億岐洲と佐度洲とをならってのことであると述べるもので、この「世人」も物語の世界とは異なるところにあるものと判断される。残りの一例のみ、

是月、遣二使者一収二山田大臣資財一。資財之中、於二好書上一題二皇太子書一、於二重宝上一題二皇太子物一。使者還申二所収之状一。皇太子始知二大臣心猶貞浄一、追生二悔恥一、哀歎難レ休。即拝二日向臣於筑紫大宰帥一。世人相謂之曰、是隠流乎。（巻第二十五　孝徳天皇　大化五年三月是月）

山田大臣を陥れた日向臣が筑紫大宰帥となったのを「世人」が「隠流」かと噂しあったというもので、この「世人」は「日向臣」と生きる時間を同じくするもの、つまり物語の存在であり「時人」に近いものと判断される。この「時人」「世人」は日本書紀に独自な語ではなく、漢籍(5)の史書においてその使用がみられる。また、その在り方も日本書紀と同様である。

帝大怒、乃免二歴兄弟官一、削二国租一、黜二公主一不レ得二会見一。歴遂杜レ門不下与二親戚一通上。時人為レ之震慄。（後漢書　列伝巻十五　李王鄧来列伝第五）

これは、皇太子が讒言によって廃されたとき、歴（来歴）が安帝に諫言したが聞き入れられず、かつ帝の命令をきかなかったため逆鱗に触れ、免官されたあげくに諸々の不利益を被った、という場面で、それがために「時人」は震え上がった、とする。「時人」は当時の人のことを指すもので、物語のなかのものとして在る。

また、「世人」は、

【集解服虔曰、尸解也。張晏曰、人老而解去、故骨如二変化一也。今山中有二龍骨一、世人謂二之龍解レ骨化去一也。】（史記　書巻二十八　封禅書第六）

のように、[6]「今」山中にある龍骨を「世人」は龍が骨を解かして化去したあとのものだとする例にみえるように、「今」に存在するものとしてある。一方、

上復興㆓神僊方術之事㆒、而淮南有㆓枕中鴻宝苑秘書㆒。書言㆘神僊使㆓鬼物㆒為㆑金之術、及鄒衍重㆑道延㆑命方㆖、世人莫㆑見、而更生父徳武帝時治㆓淮南獄㆒得㆓其書㆒。（漢書　列伝　巻第三十六　楚元王伝第六）

更正（劉向）が「世人」の見ることのない「枕中鴻宝苑秘書」を読む機会があった、とする例もあり、ここでの「世人」は更正と同じ時間に生きる人である。つまり、「世人」は語りの「今」に属する場合とそうでない場合とがある。

　このように、「時人」も「世人」もその語彙自体は日本書紀の範とする史書に使用のあるもので、また在り方もそれに異ならない。しかしながら、物語を語る地の文と分注[7]とにおいて物語を「古」「昔」と概括し、それを語る立場を「今」として両者を相対化し、かつ「時人」と「世人」とを配置して空間的な相対化を同時になす構造を採る作品は、史記や漢書、後漢書といった、日本書紀と同様に歴史叙述を主目的とした漢籍にはみえにくい。そこでの「時人」の使用はあくまで物語における出来事の批評者であって、その物語が本文の地の文において、語る「今」に引きうけられることはない。また「世人」の使用でも、それは分注において「今」のものとして使用される。日本書紀は、語彙とその用法とは漢籍の規範に則り、また史書としての体裁を継承しながら、歴史を描く方法としてその世界の構築には日本独自のものを模索した、と考えられる。

三　語り手の表出

このように、日本書紀においては「今」と「古」「昔」という時間概念の相対と同時に、その時間に属する「時人」「世人」という存在によって示される空間の相対を看取することが可能である。このような描出を可能とする語り手が、日本書紀においては姿をみせる。

以二蘇我果安臣・巨勢人臣・紀大人臣一為二御史大夫一。【御史蓋今之大納言乎。】

（巻第二十七　天智天皇　十年正月癸卯）

「御史大夫」は翌年の壬申の乱以後に廃され、以後あらわれることがない。そのために、ここではそれが「今」の「大納言」であることを注する必要があったかと思われる。しかし、「御史大夫」が「大納言」であるとは断言せず、「蓋」と憶断している点に注意される。天智天皇が蘇我果安臣らを大納言ではなく御史大夫に任じたことは物語の事実としてあるが、語り手はその御史大夫がどのようなものであるのか、そこに確言をもって踏み込むことをしない。また、

十九年冬十月戊戌朔、幸二吉野宮一。時国樔人来朝之。因以二醴酒一献二于天皇一、而歌之曰、

伽辞能輔珥　予区周塢菟区利　予区周珥　伽綿蘆淤朋彌枳　宇摩羅珥　枳虚之茂知塢勢　摩呂餓智

歌之既訖、則打レ口以仰咲。今国樔献二土毛一之日、歌訖即撃レ口仰咲者蓋上古之遺則也。

（巻第十　応神天皇　十九年十月戊戌朔）

この例では吉野の国樔たちが「今」においても土毛を献上するときに歌をうたいおわって口を撃ち、仰いで笑う

ことは、「上古」の「遺則」であるとする。直上において同様の国様たちの行為が語られていることから、これは「今」における国様たちの行為の由来としてあることがわかる。にもかかわらず、ここでも、「今」の事態と「上古」すなわち物語での事態とを直接することなく、「蓋」でもって推測するに止める。語り手は物語の観察者であり、その物語自体は語り手の立ち入ることのできない自律的なものとして存在するのである。(8) このような在りようは古事記とはまったく質が異なる。

漢籍の史書においてこのような本文の地の文での「蓋」の使用がないわけではない。

会下左将軍上官桀父子及御史大夫桑弘羊皆与二燕王一、蓋主二謀反一誅上。（漢書　列伝巻五十九　張湯伝第二十九）

しかし、右の例のような本文地の文における「蓋」は全体の出例からすればきわめて少数で、圧倒的多数が会話文中か分注でのものである。「上代人の手にした典籍は海を越えてわが国に渡来した外来書であり、その主なるものは附注本であった」（小島憲之・一九六二）ことを思えば、むしろ地の文での使用よりも、注記にある「蓋」にその方法を学んだとみるのがより適切であろう。

範たる漢文の史書がその形式として〈本文＋（後）注〉であったがために、日本書紀もそのスタイルとして〈本文＋（自）注〉を採ることとなった。さらにそれは、本文と分注の在りようを選択するとともに、本来は後注にみられるような観察者の視点を語り手の視点として獲得することでもあった。それがゆえに、物語られるものの世界が「古」「昔」、物語るものの世界が「今」と分化されることとなったのである。このとき、「本文と注とは同じ性質のものが多く、その場その場の仕方によつて差ができるもの」（小島・一九六二）であり、よって日本書紀における本文と分注とは統一的に把握することが可能である。そのため、本文にあらわれる「今」と分注における「今」とを同じものとして扱った。(9) 本文であれ分注であれ、いずれにせよそれは、物語に対するものであることにかわりがない。

物語の世界は語り手にとって客観世界であり、独立的であった。そして物語を語るときも、語り手は「今」からの推測に止めざるをえないことがある。

結

以上述べきたったように、日本書紀における「今」の在りようは古事記のそれと大きく機能の面で異なっている。前章までに述べたとおり、古事記の「今」は物語の世界と積極的に交わるもので、それはつまり「今」が物語に対して支配的な機能をもつことにほかならない。物語と「今」とは異なるものであることが明確でありながら、しかし物語は「今」によってかたちづくられるものであった。このとき、物語が「古」あるいは「昔」といった概念で明示的に括られることはない。それはあくまで語る「今」によって対象化されるものとしてある。

それに対し、日本書紀においては「今」とあわせて「古」「昔」が使用される。物語が「古」「昔」と概括され、それと相対的な語りが「今」として置かれるのである。語る「今」から物語の「古」「昔」を客体として描出する。この点において、古事記と日本書紀における「今」の決定的な差異を確認することが可能であろう。日本書紀の「今」は単独の使用であっても、物語を「古」あるいは「昔」として認識する視点に立ってのものと考える必要がある。そして、語りが物語の世界を客観視するがゆえに、日本書紀の「今」はそこへと踏み込まず、これを傍観する立場をとる。だからこそ、物語そのものを「蓋」として推し量ることとなった。物語の世界は語り手にとって異質の世界であり、独立した自律的世界である。ただし、それはあくまで作品の内部でのことであって、作品そのものから独立的であることを意味しない。

また、物語の世界に「社会時評子的な人」（新編日本古典文学全集『日本書紀』頭注）である「時人」が置かれる。これは事態に対して観察者的な立場をとるものである。出来事と時人とによって物語世界は構成されている。また、「今」においても、一旦「世人」が物語をうける。「世人」は語りそのものではなく、「今」に存在する物語の認識者である。「今」と「古」「昔」とは単に相対的な世界としてあるのではなく、そこに「世人」と「時人」という、それぞれの世界内の存在が示される。それらの世界がただ時間として相対的であるにとどまらず、空間においても相対的であることが示されるのである。つまり、日本書紀は〈出来事―時人〉《古・昔》〈語り手〉《今》あるいは〈物語〉《古・昔》〈世人―語り手〉《今》という構造をなす。こうした立体的な読み取りが可能である。

漢籍の史書、本文の地の文において「今」があらわれることはある。ただしその多くは、

高昭劉皇后諱智容、廣陵人也。祖玄之、父寿之、並員外郎。后母桓氏、夢レ呑二玉勝一生レ后、時有二紫光一満レ室、以告二寿之一、寿之曰、恨非二是男一。桓曰、雖レ女、亦足レ興レ家矣。后毎二寝臥一、家人常見三上如レ有二雲気一焉。年十余歳、帰二太祖一、厳正有二礼法一、家庭粛然。宋泰予元年殂。年五十。帰二葬宣帝墓側一。今泰安陵也。

（南斉書　巻二十　列伝第一　皇后）

のように、「紀」よりも「志」や「列伝」のように注釈的内容を本文にもつ部分で、四庫全書等で概覧した限り、先秦両漢の時期よりは六朝あたりに降ってその用法が増加する。

つまり、日本書紀はその典拠および語彙、文章において漢籍に拠ることは事実としてあるが、しかし、語りの方法としては大きく異なるところがある。これは史書を中心とした漢籍に拠り、また作品としてのかたちを史書としてとるにもかかわらず、というよりもむしろ漢籍に拠ったからこそ、その超克が可能であった。ここに漢文

によって日本のことを書き記そうとする日本書紀の自覚的な意識を看取することができる。これを漢文からの逸脱、あるいは和臭といった言葉で片づけるのではなく、日本古代におけるひとつの叙述の方法として認めるべきである。ここにおいて、語り手は生身ではなく、作品のなかに偏在し、拡散している。そういった存在としての語り手を認め、その機能性を論じなくてはならないだろう。かくして、日本書紀は文学という営み全体へと開かれていく。

注

（1）当該の文は顔師古の漢書「叙例」、

漢書旧文、多有二古字一。解説之後、屢経二遷易一。後人習読、以レ意刊改、伝写既多、弥更浅俗。今則曲覈二古本一、帰二其真正一。一往難レ識者、皆従而釈レ之。…文字繁多、遂致二舛雑一。前後失レ次、上下乖レ方、昭穆参差、名実虧廃。

の転用であり、これもまた付注本史書の享受に基づくものと考えられる。

（2）第一章第三節でも述べたところではあるが、今一度みておくと、古事記における「古」「昔」の使用はそれぞれ一例ずつある。「古」の使用は

自二往古一至二今時一、聞三臣・連、隠二於王宮一、未聞三王子、隠二於臣家一。（下巻　安康天皇）

とする、登場人物である都夫良意美の発言中の使用で、「古」の及ぶ範囲は都夫良意美の認識の範囲内にある。登場人物の会話文にあらわれるこの「古」は、物語中での時間に属する。また、「昔」は物語の文脈中で時間を引き戻すはたらきをしている。

又、昔、有二新羅国王之子一。名、謂二天之日矛一。是人、参渡来也。（中巻　応神天皇）

この箇所に先立って、「天之日矛」の子孫である「葛城之高額比売命」「息長帯比売命」「多遅摩毛理」が登場して

おり、そのため「昔」で語り始める。つまり、この「昔」は物語の外部に存する語りの「今」に対するものではない。

（3）なお、古事記において「時人」および後述の「世人」の例はない。

（4）「盞」に対して「ウキ」と訓読する旨の記述はないが、ここで「盞」がウキと訓まれないことには「盞」を筑紫俗が「ウキハ」と呼ぶことの意味が失われる。

（5）本章においては、時間概念にかかわる漢籍の参照において、いわゆる二十五史のうち、上代に将来された可能性の高いものに拠る。日本書紀がその典拠として多く史書を引くため、また日本書紀が史書として書かれるためである。

（6）当該の箇所は漢書（志巻第二十五上　郊祀志第五上）にも、

【服虔曰、尸解也。張晏曰、人老而解去、故骨如二変化一也。今山中有二龍骨一、世人謂二之龍解レ骨化去一也。應劭曰、列仙伝曰、崔文子学二仙於王子喬一、王子喬化為二白蜺一、文子驚、引レ戈撃レ之、俯而見レ之、王子喬之尸也、須臾則為二大鳥一飛而去。師古曰、服・張二説是也。】

として引かれ、史記とあわせて日本書紀編纂者の目に触れていた可能性がある。

（7）日本書紀における分注を後注とみる立場（『書紀集解』、『古事記伝』、岩橋小弥太・一九五三、岩橋小弥太・一九五九等）もあるが、論者は自注とみなす立場（坂本太郎・一九五五、小島・一九六二、中村啓信・一九七〇等）を支持する。

（8）一例のみであるが、「蓋」ではなく「案」の例、

【…今案嶋王是蓋鹵王之子也。末多王、是琨支王之子也。此曰二異母兄一、未レ詳也。】

（巻第十六　武烈天皇　四年是歳）

がある。しかし、当該箇所は分注で百済新撰の引用から連続し、ここもまた百済新撰の文である可能性もあるため、考察からは除外した。

（9）神代巻に限れば、語りの「今」の使用例の総数は一六例であり、正文の使用は二例、さらに二例のうちの一例は

分注での使用である。このことから、神代巻正文における「今」の介入を忌避する傾向を指摘しうる。しかしながら、巻三以降においてはそのような明確な差はみいだしにくい。これは、正文と一書の問題、すなわち神代巻とその他の巻との問題とにおいて考察する必要があるため、現象の指摘にとどめる。

引用文献

岩橋小弥太（一九五三）「日本書紀古注論」（『日本学士院紀要』11―2　一九五三年六月）
岩橋小弥太（一九五九）「日本書紀古注再論」（『日本学士院紀要』17―2　一九五九年三月）
小島憲之（一九六二）「日本書紀の注」（『上代日本文学と中国文学』上　塙書房　一九六二年九月）
坂本太郎（一九五五）「日本書紀の分注について」（『史学雑誌』64―10　一九五五年一〇月）
中村啓信（一九七〇）「日本書紀の本注」（『国学院大学日本文化研究所紀要』13　一九七〇年一二月）

参考文献

岩橋小弥太（一九六〇）「日本書紀の「不知其姓人」「未詳」「闕名」などいへる注につきて」（『日本学士院紀要』18―2　一九六〇年三月）
岩橋小弥太（一九七〇）「日本書紀の「蓋」「若」といふ注について」（『国学院雑誌』71―11　一九七〇年一一月）
榎本正純（一九九一）「草子地と語り―源氏物語の基底―」（『源氏物語講座（一）』勉誠社　一九九一年一〇月）
是澤範三（二〇〇〇）「上代における「蓋」字使用の様相―『日本書紀』を中心に―」（『国語文字史の研究』5　和泉書院　二〇〇〇年五月）
身﨑壽（二〇〇五）『人麻呂の方法　時間・空間・「語り手」』（北海道大学図書刊行会　二〇〇五年一月）
室伏信助（一九九二）「物語の語り手」（『源氏物語講座』第六巻　勉誠社　一九九二年八月）
渡瀬昌忠（一九九五）「人麻呂の表現―軽皇子安騎野行讃歌について―」（『上代文学』75　一九九五年一一月）

第二節　日本書紀の「古」「昔」

序

ひとつの作品において、会話文中ではなく地の文でなにかしら時間概念を示す語があるとする。それは原則として、登場人物の感覚の範疇にない以上、物語そのものを語ろうとする行為の延長線上にある、語りの認識の露呈にほかならない。前節までに、古事記および日本書紀における地の文の「今」について論じてきた。本節においては、日本書紀における「古」「昔」の使用についての論究を主とする。

前節に言及したところを確認し、日本書紀の「古」「昔」についてその問題点を考えることから始めたい。日本書紀において、地の文の「今」の多くは語りの位置の提示としてあり、同じく地の文にあって物語そのものを概括する「古」「昔」と相対をなすことがある。すなわち、

十九年冬十月戊戌朔、幸㆓吉野宮㆒。時国樔人来朝之。因以㆓醴酒㆒献㆓于天皇㆒、而歌之曰、

伽辞能輔珥　予区周塢菟区利　予区周珥　伽綿蘆淤朋瀰枳　宇摩羅珥　枳虚之茂知塢勢　摩呂餓智

歌之既訖、則打㆑口以仰咲。今国樔献㆓土毛㆒之日、歌訖即撃㆑口仰咲者蓋上古之遺則也。

（巻第十　応神天皇　十九年冬十月戊戌朔）

右の例では、「今」の国樔が産物を献上する際に歌を詠ったのちに口を打ち、上を向いて笑うことが「上古」[1]の

遺風である、とする。その「上古」に相当する具体的内容が応神紀十九年のこととして把握できる。ここでは、「今」からみた応神天皇十九年を中心とした物語が「上古」のことと概括されている。つまり、作品のなかで物語と語りという二つの時間軸が平行して現出している。また、物語において語りが提示されることはないが語りから物語を照出することはありうるという、一方通行の関係性をも看取することが可能である。端的にいえば、それは物語で「今」を先取りして示すことはないが、物語に対して時間として先行する語りは物語そのものを「古」「昔」として示しうる、ということである。物語は自らを「古」あるいは「昔」と認識することはなく、また語りそのものについての認識を示すこともないが、しかし語りは自らを「今」とし、そこから物語を「古」「昔」として位置づけることが可能なのである。

また、ここでは「今」あることが「蓋」として推測されていることに注意される。つまり、ここでは語りの「今」に推測をする主体が設定されている。この主体が「上古」すなわち物語を「今」あることと結びつけている。とすれば、その主体は物語の外にあって語るものであり、それを語り手と呼んでさしつかえあるまい。ただ、この語り手は七二〇年における実作者、作品外的存在と同一視されるものではない。ここでの「今」も「上古」も作品内でのものであり、したがってその「今」にあって「上古」のことを語る存在もまた、作品内にあるものと認めなければならない。つまり、作品の内部において設定された語り手の存する場が「今」であり、語り手の語るものが「古」あるいは「昔」としてある。

右にみたような用法を物語外部用法と呼ぶこととする。物語そのものに立ち入らず、それを「古」「昔」とし、その「古」「昔」を認識する立場を「今」とするためである。

一方で、地の文にあって物語でのある時点を提示する「今」がある。

天皇素聞二饒速日命是自レ天降者一、而今果立二忠効一、則褒而寵之。

（巻第三　神武天皇　即位前紀戊午年十二月丙申）

ここでの「今」は、饒速日命が帰順した時点を示す。この「今」に先立つ即位前紀甲寅年に、神武天皇は饒速日命が天降った神であることを塩土老爺に聞いている。つまり、ここでの「今」は神武天皇が饒速日命のことを知った過去に対するものとしてある。また、

船師満レ海、旌旗耀レ日、鼓吹起レ声、山川悉振。新羅王遥望以三為非常之兵将レ滅二己国一、讋焉失志。乃今醒之曰、吾聞、東有二神国一、謂二日本一。亦有二聖王一。謂二天皇一。

（巻第九　神功皇后　摂政前紀　仲哀天皇九年十月）

この「今」は忘我の状態である「讋焉失志」から覚醒した「醒」の瞬間を示す。つまり、ここでの「今」は切り替わった瞬間を提示するものとしてある。このような「今」は、物語を語るとき、一度遡った時間からまたさらに時間を引き戻すときや、場面が切り替わるときに使用される。

こうした「今」と同様に、物語のなかに機能する「古」「昔」もまた存する。

天皇順二考古道（2）一、而為レ政也。

（巻第二十四　皇極天皇　即位前紀）

ここでの「古道」は、天皇が「順考（3）」する対象であり、もちろん物語を指すものではなく、物語の内部におけるものである。天皇が範とするところのものを概括的に「古道」として理解しているもので、語りが直接に認識するものではない。

また、

三十有一年夏四月乙酉朔、皇輿巡幸。因登二腋上嗛間丘一、而廻二望国状一曰、妍哉乎国之獲矣。雖二内木綿之真迮国一、猶如二蜻蛉之臀呫一焉。由レ是始有二秋津洲之号一也。昔伊奘諾尊目二此国一曰、日本者浦安国、細戈千足

国、磯輪上秀真国。復大己貴大神目之曰、玉牆内国。及下至饒速日命乗二天磐船一而翔二行太虚一也、睨二是郷一而降上之、故因目之、曰二虚空見日本国一矣。

（巻第三　神武天皇　三十一年四月乙酉朔）

この例では、神武天皇が国見をして「如二蜻蛉之臀呫一」と発言し、それが「秋津洲」の名の由来となったことを語り、それに関連して、「昔」伊奘諾尊・大己貴大神・饒速日命がそれぞれ日本を表現したときのことを語る。ここでの「昔」は神武天皇三十一年四月乙酉朔に先行する物語の内部における時間を示している。ただし、伊奘諾尊らがそれぞれ日本の在りようについて言及することはここまでになく、つまり時間は引き戻されているものの、実際には新しい事実をここで初めて語っている。このように、物語外部用法とは異なり、物語のなかで機能する「今」あるいは「古」「昔」の使用の在りようを物語内部用法と呼ぶこととする。

右にみたように、地の文にある「古」「昔」は、必ずしも物語自体を示すものではなく、むしろ物語の内部において使用されることもありうる。これは日本書紀の語りの機能を考えるうえで、きわめて重要な問題である。というのも、時間表現である「今」や「古」「昔」を語りと物語との観点から概観したとき、すべてが地の文と会話文とに対応するわけでないためである。

こうした観点に基づき、本節では地の文における「古」「昔」の使用の在りよう、特に物語内部用法の時間表現とその機能について考察する。ともに過去を示す語であるとはいえ、語そのものが異なる以上その意味するところもおのずから異なる。よって、どこまでが類似していてどこからが異なるのか、と問わねばならない。このとき、作品内において「古」「昔」といった時間観念を提示する主体として機能する語り手についても言及することになる。それはつまり、語りの叙法についての考究にほかならない。

一　「古」の使用

日本書紀における「古」は全五七例（固有名詞、および異同を含む箇所を除く）、うち、物語における会話文の例が三〇例ある。

会話文中における「古」は、当然のことながらその発話者の認識する「古」である。

朕聞、古聖王之世、人人誦二詠徳之音一、家家有二康哉歌一。今朕臨二億兆一、於レ茲三年、頌音不レ聆、炊烟転疎。

（巻第十一　仁徳天皇　四年二月甲子）

仁徳天皇のいう「古」が具体的にいかなるものであるかは知りえないが、少なくともそれは仁徳天皇自身の認識を提示するもので、そこに語り手が踏み込むことはできない。本節の主目的は地の文における用例の分析と語りの機能を考察することであるため、このような物語における会話文での用例を、「古」「昔」を問わず考察対象から除くことにする。

会話文での使用以外の残った二七例が地の文の用例である。しかし、先にみたとおり、地の文の「古」は必ずしも物語外部用法とは限らない。まずは全用例を概観し、そしてその詳細を検討することとしたい。

(1)古天地未レ剖、陰陽不レ分、渾沌如二鶏子一、溟涬而含レ牙。

（巻第一　神代上　第一段正文）

(2)一書曰、古国稚地稚之時、譬猶二浮膏一而漂蕩。

（巻第一　神代上　第一段一書第二）

(3)自レ爾以来、世諱下著二笠蓑一以入中他人屋内上。又諱下負二束草一以入中他人家内上。有二犯レ此者一必債二解除一。此太古之遺法也。

（巻第一　神代上　第七段一書第三）

(4)今楽府奏二此歌一者、猶有二手量大小、及音声巨細一。此古之遺式也。
(巻第三　神武天皇　即位前紀戊午年　八月乙未)

(5)故古語称之曰、於二畝傍之橿原一也、太三立宮柱二於底磐之根一、峻三峙搏風二於高天之原一、而始馭天下之天皇、号曰二神日本磐余彦火火出見天皇一焉。
(巻第三　神武天皇　元年正月庚辰朔)

(6)【上古時、俗号レ鞆謂二褒武多一焉。】
(巻第十　応神天皇　即位前紀)

(7)今国樔献二土毛一之日、歌訖即撃レ口仰咲者蓋上古之遺則也。
(巻第十　応神天皇　十九年十月戊戌朔)

(8)【称レ妻為レ妹、蓋古之俗乎。】
(巻第十四　雄略天皇　即位前紀)

(9)娜毘騰耶皤麼珥。【此古語未レ詳。】
(巻第十四　雄略天皇　元年三月是月)

(10)【殊儛、古謂二之立出儛一。立出、此云二陀豆豆一。儛状者乍起乍居而儛之。】
(巻第十五　顕宗天皇　即位前紀)

(11)自レ古以来、莫二如斯酷一。
(巻第十五　顕宗天皇　元年二月是月)

(12)【…言二弱草一、謂下古者以二弱草一喩中夫婦上。故以二弱草一為レ夫。】
(巻第十五　仁賢天皇　六年是秋)

(13)【…古者不レ言二兄弟長幼一、女以レ男称レ兄、男以レ女称レ妹。故云二於レ母亦兄、於レ吾亦兄一耳。】
(巻第十五　仁賢天皇　六年是秋)

(14)【…帝王本紀、多有二古字一、撰集之人屢経二遷易一。…】
(巻第十九　欽明天皇　二年三月)

(15)【…今則考二覈古今一、帰二其真正一。…】
(巻第十九　欽明天皇　二年三月)

(16)【投レ火為レ刑、蓋古之制也。】
(巻第十九　欽明天皇　二十三年六月是月)

(17)【王人奉レ命、為レ使二三韓一、自称為レ宰。言レ宰二於韓一、蓋古之典乎。如今言レ使也。餘皆倣レ此。…】
(巻第二十　敏達天皇　六年五月丁酉)

(18)【古語云二生児八十綿連一。】（巻第二十　敏達天皇　十年閏二月）

(19)【古俗、年少児、年十五六間、束髪於額、十七八間、分為二角子一。今亦然之。】（巻第二十一　崇峻天皇　即位前紀）

(20)天皇順二考古道一、而為レ政也。（巻第二十四　皇極天皇　即位前紀）

(21)夏四月辛亥朔、罷二古冠一。（巻第二十五　孝徳天皇　大化四年四月辛亥朔）

(22)左右大臣、猶著二古冠一。（巻第二十五　孝徳天皇　大化四年四月辛亥朔）

(23)則遣二赤麻呂・忌部首子人一、令レ戍二古京一。（巻第二十八　天武天皇上　元年七月壬辰）

(24)於レ是赤麻呂等詣二古京一、而解二取道路橋板一、作レ楯、竪二於京辺衢一以守之。（巻第二十八　天武天皇上　元年七月壬辰）

(25)天皇御二于太極殿一、以詔二川島皇子・（中略）・大山下平群臣子首一、令レ記二定帝紀及上古諸事一。（巻第二十九　天武天皇下　十年三月丙戌）

(26)古老曰、若レ是地動未二曾有一也。（巻第二十九　天武天皇下　十三年十月壬辰）

(27)直広肆当麻真人智徳、奉二誄皇祖等之騰極次第一。礼也。古云二日嗣一也。（巻第三十　持統天皇　二年十一月乙丑）

以上が日本書紀における地の文の「古」全例である。先にみたとおり、これらの例は機能的観点から、物語外部用法と物語内部用法とに大きく二分される。区分の結果を示すと、

物語外部用法…(2)(3)(4)(5)(6)(7)(8)(9)(10)(12)(13)(14)(15)(16)(17)(18)(19)

物語内部用法…(1)(11)(20)(21)(22)(23)(24)(25)(26)(27)

となる[4]。このうち、物語外部用法については、前節で「今」について述べたとおり、物語そのものを概括するものと語りにとってのものとの二様が認められる。前者についてはすでに前項に述べたため、ここでの解説は省略する。後者については、⒁および⒂が相当する。すなわち、

【…帝王本紀、多有㆓古字㆒、撰集之人屢経㆓遷易㆒。後人習読、以㆑意刊改、伝写既多、遂致㆓舛雑㆒、前後失㆑次、兄弟参差。今則考㆓覈古今㆒、帰㆓其真正㆒。…】

「帝王本紀」に「古字」が多くあり、それが改編され、さらにまた読みならわされるうちに改められるところもあり、そのようなことが続いた結果、内容が失われたため、「今」において「古今」を考えたうえでそれを正しいものに戻す、とする内容での使用で、ここでの「古」は物語を指すものではありえない。作品中では、物語の時間と語りの「今」との間に「帝王本紀」が設定されている。さらにその「帝王本紀」は改編され内容が失われてしまったために、「今」それを「真正」に帰そうとしている。とすれば、当該文中の「古」はいずれも物語自体を指すものではなく、むしろ、語り手が物語を語ろうとする以前の動機にかかわるものとして認められる。このように、語りの「今」が指し示す「古」には、物語そのものと物語から離れたものとの二種が認められる。ただし、後者のような例は⒁⒂を含む箇所のみであって、前者の用法が全体としては多数を占める。このように、物語外部用法としての「古」はその使用に一定の傾向が認められる。しかしながら、「古」の物語内部用法はその使用に複雑さをみせる。そのため、後にその在りようを詳しくみることとし、今は「昔」の使用の確認に移りたい。

二　「昔」の使用

日本書紀における「昔」の全用例数は三八例、うち会話文中の使用は二九例、そして地の文でのものは九例である。この「昔」についてもまずは地の文における使用の全体を確認することから始めたい。以下、論考の都合上、通し番号は「古」におけるそれに連続させる。

(28) 此剣昔在㆓素戔嗚尊許㆒、今在㆓於尾張国㆒也。　（巻第一　神代上　第八段一書第三）

(29) 昔孔舎衛之戦、五瀬命中㆑矢而薨。　（巻第三　神武天皇　即位前紀戊午年十二月丙申）

(30) 昔伊奘諾尊目㆓此国㆒曰、日本者浦安国、細戈千足国、磯輪上秀真国。　（巻第三　神武天皇　三十一年四月乙酉朔）

(31) 昔丹波国桑田村有㆑人。名曰㆓甕襲㆒。　（巻第六　垂仁天皇　八十七年二月辛卯）

(32) 昔有㆓一人㆒。乗㆑艇而泊㆓于但馬国㆒。　（巻第六　垂仁天皇　八十八年七月戊午）

(33) 故時人号㆓其忘㆑蓋処㆒曰浮羽。今謂㆑的者訛也。昔筑紫俗号㆑蓋曰㆓浮羽㆒。　（巻第七　景行天皇　十八年八月）

(34) 昔日本武尊向㆑東之歳、停㆓尾津浜㆒而進食。是時解㆓一剣㆒置㆓於松下㆒、遂忘而去。今至㆓於此㆒、剣猶存。　（巻第七　景行天皇　四十年是歳）

(35) 是後皇后登祚之年、覓㆓乗㆑馬乞㆑蘭者㆒、而数㆓昔日之罪㆒以欲㆑殺。　（巻第十三　允恭天皇　二年二月己酉）

(36) 令㆓公卿・百寮㆒、凡有位者自㆑今以後、於㆓家内㆒着㆓朝服㆒、而参㆘上未㆑開門以前㆖。蓋昔者到㆓宮門㆒而着㆓朝服㆒乎。　（巻第三十　持統天皇　四年七月壬午）

これらを「古」と同様に物語外部用法と物語内部用法に区分すると、

物語外部用法…(28)(31)(33)(36)

物語内部用法…(29)(30)(32)(34)(35)

となる。物語外部用法では、「古」の(14)(15)にみられるような語り手にとってのものはなく、すべて物語を指すものである。一例をもって確認すると、

(36)令二公卿・百寮一、凡有位者自レ今以後、於二家内一着二朝服一、而参下上未レ開門以前上。蓋昔者到二宮門一而着二朝服一乎。

（巻第三十　持統天皇　四年七月壬午）

「有位のものは自宅にて朝服を着用し、開門の以前に参上せよ」とする詔勅があったことについて、「おそらく昔は宮門に到着したあと、朝服に着替えたのであろうか」と注釈的な言及がなされる。かくのごとき詔勅が出されることにより、宮中に参内するものは宮門についてから着替えたという事態が逆説的に導きだされ、それが推測として提示されている。ここでの「昔」は持統天皇四年七月壬午を含む物語を外部から指しているものと理解される。このように、「昔」にも「古」と同様に物語外部用法が存在する。

ただし、次の例のように、物語外部用法に区分されると判断されるものの物語内部用法としての理解の可能性も含むものが一例存する。

(31)昔丹波国桑田村有レ人。名曰二甕襲一。則甕襲家有レ犬。名曰二足往一。是犬咋二山獣名牟士那一而殺之。則獣腹有二八尺瓊勾玉一。因以献之。是玉今有二石上神宮也一。

（巻第六　垂仁天皇　八十七年二月辛卯）

この垂仁天皇八十七年二月辛卯の記事は五十瓊敷命が妹の大中姫に石上神宮の神宝をつかさどることを命じ、さらに大中姫が物部十千根大連に神宝を授けて治めさせたことに始まり、そして物部連が今に至るまで石上の神宝

を治めることはそのゆえであるとされる。そして、それに続いて(31)を含む一連の記事が続く。「昔」丹波国桑田村に甕襲なる者がおり、甕襲の飼い犬である足往が山の獣で名を牟士那というものを食い殺したところ、その獣の腹から八尺瓊勾玉が出てきたため、これを献上した。この勾玉は今、石上神宮にある、とする。

五十瓊敷命と大中姫・物部連にかかわる前半記事と、甕襲と足往・牟士那にかかわる後半記事に共通するのは「石上神宮」とそこにまつられる宝で、この「昔」は石上神宮の宝に関して別個の話を繋げるために指標として用いられたとみるのが穏当であろう。ただし、後半部での「八尺瓊勾玉」が石上神宮にまつられていることから、この後半部自体が前半部よりも時間的に先行するために「昔」とされた、つまり物語内部での先後関係を示したものと考えることは、一応、可能ではある。

このように考えうるのは、「昔」の物語内部用法の機能性に理由がある。日本書紀における「昔」の物語内部用法は、すべて物語内部の先後関係を示すためである。ただし、すでに語られたことを示すものと、語られていなかったことを示すものとがある。まず、前者を確認すると、

(29)昔孔舎衛之戦、五瀬命中㆑矢而薨。　（巻第三　神武天皇　即位前紀戊午年十二月丙申）

これは、神武天皇が兄である五瀬命が長髄彦の軍勢に放たれた矢に当たって命を落としたことを恨み、敵の軍勢を壊滅させようと考えている場面である。この戊午年十二月丙申に先立ち、戊午年四月では、

則尽起㆓属兵㆒、徼㆓之於孔舎衛坂㆒与之会戦。有㆓流矢㆒、中㆓五瀬命肱脛㆒、皇師不㆑能㆓進戦㆒。

と、孔舎衛坂において五瀬命が負傷したために神武天皇の軍勢が敗退し、そして続く戊午年五月に、

時五瀬命矢瘡痛甚。（中略）進到㆓于紀国竈山㆒、而五瀬命薨㆓于軍㆒。

と、五瀬命は受けた矢傷がもとで薨去する。つまり(29)での「昔」は、具体的には戊午年四月および五月のことを

指す。このように「昔」がすでに語られた過去を反復して示すものは㉙のほか㉜㉟がある。

また、語られていなかったことを示す用法は、左のような例である。

㉞昔日本武尊向㆑東之歳、停㆓尾津浜㆒而進食。是時解㆓一剣㆒置㆓於松下㆒、遂忘而去。今至㆓於此㆒、剣猶存。

（巻第七　景行天皇　四十年是歳）

日本武尊が東方に進んだのは四十年の七月で、十月に伊勢へまわり、倭姫命に暇乞いをする。尾津は伊勢国桑名郡にある（元和古活字本『倭名類聚抄』）ので、おそらくこれは四十年十月を意識しているものと判断される。ただし、この㉞に至るまでに日本武尊が尾津浜に立ち寄ったことは語られず、当然そこで食事をしたことや剣を松の下に置いたことも語られていない。つまり、この「昔」は時間こそ四十年是歳から遡っているものの、先に㉙で確認したような再帰的で反復的な用法とはちがい、語られていなかった事実を補完的に述べている。この㉞のほか、冒頭にもみた㉚が同様の用法である。

「昔」でもって示される物語内部用法を概括的にみれば、物語の内部において、ある時点に先行する時間に遡り、その時点を提示する機能をもち、さらにそのなかにはすでに語られたことを再帰的反復的に示すものと未だ語られていなかったことを語るものとの二種がある。

㉛に話を戻すと、ここでの「昔」を物語内部用法と認めた場合、垂仁天皇八十七年二月に先行するある時点において「八尺瓊勾玉」の献上があり、それが石上神宮の「神宝」の由来となっている、と読み取ることが一応は可能である。ただし、この「八尺瓊勾玉」は「今」において石上神宮にその所在を認めることが可能であって、いつからそこにあるのかは不明である。つまり、「八尺瓊勾玉」の出現と「今」におけるありかはわかっているが、垂仁天皇八十七年においてすでに石上神宮にあったかどうかは明確でない。また、「昔」の物語内部用法で

は、語られたことを再帰的反復的に示す用法はもちろん、語られなかったことを補完的に述べる用法においても、提示される過去はある程度、明確である。しかしながら、その「昔」が垂仁天皇八十七年二月からいつに遡るものであるかはまったく不明である。(31)を物語内部用法とみると、これは石上神宮の神宝の話題にかかわって語られているが、その前にある物部連の話とは別件と考えるのが適当であろう。よって、当該例は物語内部用法としての理解の可能性を含むものの、しかし機能性を詳細にみた結果、やはり物語外部用法と認めるべきものと考えられる。

このように、「古」「昔」はともに物語外部用法と物語内部用法をもつ。どちらも、物語外部用法としては主に物語を概括的に示すものであるが、「古」においてはそのほかに、物語を語ることそれ以前を示すものもある。また、「昔」については、その物語内部用法は物語中のある時点に先行する別の時間を一定の幅で提示することを専らとし、機能としてほぼ固定的といってよい。これは次項で詳しくみるとおり、「古」の物語内部用法とは大きく異なる。

三　物語内部用法の「古」

つづいて、物語内部用法の「古」をみていくこととしたい。語りの「今」から「古」「昔」と概括される物語の、その内部において機能する「古」の在りようは物語外部用法に比して、また「昔」の物語内部用法に比しても複雑である。

まず、物語のある時点において古びているもの、あるいは古くから存在するものを示す用法がある。たとえば

巻第二十五孝徳天皇の大化四年四月辛亥朔の例(21)(22)がそれで、

夏四月辛亥朔、罷㆓古冠㆒。左右大臣、猶着㆓古冠㆒。

この直後の五年二月に「冠十九階」を制定するため、この四年四月は冠位制の移行時期にあたるものと考えられる。また、この「古冠」は「推古朝制定の十二冠位も「古き冠」であるが、左右大臣のような高官は十二階の冠を用いない」ため、「皇極紀二年十月条にみえる蘇我蝦夷が用いた紫冠のような、十二冠位より以前から存した冠であろう」（ともに新編日本古典文学全集『日本書紀』頭注）とも考えられる。ある時点において、過去のものが残存しているような状況をいうものである。

このような「古」に意味的・用法的に近いのが「旧」である。

九月甲辰朔壬子、天皇宴㆓于旧宮安殿之庭㆒。（巻第二十九　天武天皇下　十四年九月壬子）

巻第二十八天武天皇下元年是歳に「営㆓宮室於岡本宮南㆒。即冬、遷以居焉。是謂㆓飛鳥浄御原宮㆒」とあり、同二年二月癸未に「即㆓帝位於飛鳥浄御原宮㆒」とあることからも、この「旧宮」が浄御原宮以前にあった岡本宮であると考えられる。[5]

こうした、「旧」に類似し、物語のある時点に残存する古態を示す「古」は、右に示した(21)のほか、(22)(23)(24)(26)がこれに相当する。

このような用法に対して、ある時点からみた過去の時間を示すものが存する。まず、先にも確認した(20)等が相当するもので、物語の登場人物に把握される「古」がある。

(25)天皇御㆓于大極殿㆒、以詔㆓川島皇子・（中略）・大山下平群臣子首㆒、令㆑記㆓定帝紀及上古諸事㆒。

（巻第二十九　天武天皇上　十年三月丙戌）

この「上古諸事」は天武天皇が川島皇子らに命じて記定させるところのものである。とすれば、この「上古」は天武天皇十年からみてのもの、天武天皇や川島皇子らにとってのものであって、そこに語りが関与する余地はない。

会話文中における「上古」の例として、

詔曰、上古之治、人民得レ所、姓名勿レ錯。今朕践祚於レ茲四年矣。上下相争、百姓不レ安。或誤失二己姓一、或故認二高氏一。其不レ至二於治一者、蓋由レ是也。
（巻第十三　允恭天皇　四年九月己丑）

天皇詔二阿倍倉梯万侶大臣・蘇我石川万侶大臣一曰、当下遵二上古聖王之跡一、而治中天下上。復当下有レ信、可上レ治二天下一。
（巻第二十五　孝徳天皇　大化元年七月戊寅）

等が認められる。当該の例は物語の登場人物によって認識されるという意味で、右に挙げた会話文中の例に近いものといえる。ただ、地の文にある以上、登場人物によって把握されるものであるにせよ、語りに追認されるものとしてあるだろう。

さらに、このような物語の登場人物によって認識されるものの他に、物語のなかでの先後関係を示す用法がある。

(27)直広肆当麻真人智徳、奉二誄皇祖等之騰極次第一。礼也。古云二日嗣一也。
（巻第三十　持統天皇　二年十一月乙丑）

ここでは、当麻真人智徳が「皇祖等之騰極次第」についての誄を申し上げたことが語られ、その「皇祖等之騰極次第」を「古」においては「日嗣」といった、と注釈される。この「日嗣」については、巻第二十四皇極天皇の元年十二月乙未に、「息長山田公奉二誄日嗣一」とあって、当該の「古」は皇極天皇条のことを指すものと考えることも可能ではある。しかし、皇極天皇の元年のみを「古」として示すとは理解しがたい。そのように理解するよりは、皇極天皇条も含め、持統天皇二年からみた過去のことを大きく「古」として把握していると受け止めるのが適当であろう。いずれにせよ、ここでの「古」は物語における登場人物の誰かが認識しているものではなく、この持統二年に遡った時間のことを指し示すものであると考えられ、その意味においては物語中の先後関係を示していると理解してよいだろう。新編日本古典文学全集の頭注はこの箇所を「持統紀編者の注」と解するが、論者は作品内部の問題として考えるため、ここは「語り手の注」ととりたい。ここまでの物語を語りきったたうえで補足的に言及したものと理解すれば、ここを作品の外部要素と結びつけずとも理解が可能である。

また、巻第一神代上の第一段正文の例、つまり日本書紀そのものの端緒における、

(1)古天地未レ剖、陰陽不レ分、渾沌如二鶏子一、溟涬而含レ牙。

においても「古」が使用される(6)。これは、後半部に先行する、世界の生成以前の時点を示すものとしてあり、また後半部の「故曰」へと引きつなぐためであると考えられる。第一段正文の前半は「古」のこととして漢籍にその表現方法を求めながら物語の舞台となる日本の国土の成り立ちと神々の誕生の契機を語り、それを「故曰」で承けて後半部は神々の誕生のありさまを具体的に語る（これについては、次節で詳説する）。

これらのような、物語内部での先後関係を示すものは、「昔」の用例に似た用法を求めることが可能ではある。だが「昔」における先後関係を示す用法は、(27)のように先にあったことを再帰的に示す場合はその時間がかなり具体的である。また、先に語られていなかったことを示す場合でも、それが(30)のように「伊奘諾尊」等にかかわるものであったり、(34)のように「日本武尊」にかかわるものであったりと、やはり示される時間は一定の幅に収まる。それに比して「古」は、それがある時点から遡るものであることは理解されるにせよ、それが具体的にい

つのことであるかを示さず、大きく過去を提示する。

とはいえ、これらの「古」の物語内部用法の在りようは「昔」に比して複雑ではあるが、「昔」と同様、常に語り手は物語には関わらない。

このように「古」の物語外部用法と物語内部用法を考えてきた。しかし、いくつかの問題を孕んだ例がひとつ存在する。

⑾自レ古以来、莫二如斯酷一。（巻第十五　顕宗天皇　元年二月是月）

是月、召二聚耆宿一、天皇親歴問。有二一老嫗一、進曰、置目知二御骨埋処一。請以奉レ示。【置目、老嫗名也。近江国狭狭城山君祖倭帒宿禰之妹、名曰二置目一。見二下文一。】於レ是天皇与二皇太子億計一、将二老嫗婦一、幸二于近江国来田綿蚊屋野中一、掘出而見、果如二婦語一。臨レ穴哀号、言深更慟。自レ古以来、莫二如斯酷一。

置目の老婆の導きにより、天皇と皇太子が亡父の遺骨を掘り出したあと、その穴に向かって泣き叫び、また哀しみを陳べて慟哭する。そして、そのさまを「自レ古以来、莫二如斯酷一」と評するのであるが、この「古」はいつから・誰にとってのものであり、何を指示するのか。直前にある「臨レ穴哀号、言深更慟」は、主語は示されないものの遺骨を目にしてそれを哀しむのであるから、置目の老婆ではなく天皇および皇太子の行為と理解すべきであろう。しかし、それを「酷」と評するため、「古」を含む当該の箇所が天皇・皇太子の述懐であるとすればあまりにも客観的すぎる。となれば、この一文は地の文において事態を傍観する立場からのもの、つまり語り手からのものと判断されることになる。

まずは、この例が物語外部用法である可能性を検討してみたい。そのとき、「以来」が時間の帰着すべき方向を示す以上、それは語りの「今」と同義となる。そして、「古」は物語自体を示す場合と語りにとっての「古」

を示す場合とが存する。前者であるとすれば、「古」に顕宗天皇以後も含まれうるのか。ここで「古」とされるのはこの顕宗天皇元年二月是月の事態であって、「以来」が語りの「今」を示すため、「自古以来」は顕宗天皇元年二月是月を飛び越えた表現になってしまう。「この（顕宗元年の）ときより以来」であれば理解もしやすいが、ここで物語を概括するかたちで「古」と示すのはかなり唐突である。また、後者はそもそも成り立たない。というのも、その場合「古」が物語そのものを示さず、物語と語りとの中間的な時空を示すものとしてあることになり、その「古」から「今」までの時間を切り取って示すことはできない。このように、物語外部用法としてこの「古」を把握することには問題がある。

となると、この「古」は物語内部用法として把握するのが適当であると考えられる。その場合、「以来」で示されるのは天皇と皇太子が父の遺骨を見つけて慟哭するそのときであり、「古」はそれに先行する時間を示すことになる。ただし、他の「古」の例と同様、この「古」も具体的にいつを指すのかは明確でない。しかも、ここでは「古よりずっと」と発言することで、あたかも語り手がこの顕宗天皇の物語に立ち会うかのような意識すら感じさせる。無論、語り手は物語の外に設定されてはいるのであるが、当該の表現が物語を語りの場に引きつけるがために、そのような文字通りの臨場感をもたせる効果を果たしている。

「自古」また「以来」はもちろんのこと、「自古以来」も日本書紀の範たる漢籍、殊に史書においてもその使用がみられ、表現としては珍しいものではない。しかし、たとえば、

太史公曰、余従巡祭二天地諸神名山川一而封禅焉。入二寿宮一侍二祠神語一、究二観方士祠官之意一。於レ是退而論下次自レ古以来用三事於二鬼神一者上、具見二其表裏一。（史記　巻第二十八　封禅書第六）

であったり、

【自㆑古以来、諸論㆓春秋㆒者、多述㆓謬誤㆒、或造㆓家術㆒、或用㆓黄帝以来諸暦㆒、以推㆓経伝朔日㆒、皆不㆓諧合㆒。】（後漢書　志第二　律暦中）

であったりと、その使用の大半は会話文の類あるいは分注である。これらにおいて、「以来」で示されるのは発話者あるいは語り手の存する「今」である。また、本文の地の文における使用としては、

男子無㆓大小㆒皆黥面文身。自㆑古以来、其使詣㆓中国㆒、皆自称㆓大夫㆒。（三国志　魏書　巻第三十　東夷）

等がみられるが、これとて「東夷」の巻全体が注釈的な性質をもつものであることに注意すべきであろう。やはり、物語の内部での時間を切り取る表現としては例をみいだしがたい。しかも、物語に対して批評・感想を加える表現としてはなおさらである。

　日本書紀の語りでは、物語の外に立って事態や事物に対する注釈・推量はしても、批評や感想に類する言及をするものは少ない。ここにおいて、中古文学における草子地に近い運動性を垣間みることが可能である。中野幸一（一九七一）の分類によれば、源氏物語の草子地は説明・批評・推量（推測）・省略・伝達の五つに大別することが可能である。この分類によるところの説明あるいは推量に、日本書紀における語りの機能の近似性をみてとれる。

　もちろん、論者はこのような日本書紀の例が中古における草子地へと連続するものと主張するわけではない。ただ、その機能性には日本書紀に似たものがあって、つまり日本書紀は漢籍からその方法を学びつつも、後代にみられるような草子地に近似する語りの機能性をすでに獲得していたと判断されるのである。

結

以上みたとおり、日本書紀の地の文における「古」「昔」はその使用において一定の傾向を認めることが可能である。まず、どちらも物語を概括的に把握する機能をもち、これは〈「今」＝語り〉に相対的な〈「古」「昔」＝物語〉と把握することができる。「今」も含めて、そのような使用を物語外部用法と称した。表現する視点が物語の外に存し、語りの対象としての物語を「今」とは別個の外的存在として把握するためである。

しかしながら、物語を語ることのなかで使用される「今」あるいは「古」「昔」がある。物語のある瞬間を指して「今」といい、また引き戻される時間を「昔」、あるいは物語のある人物の認識する過去を「古」とする類のものである。これらを〈「今」＝語り〉〈「古」「昔」＝物語〉という図式に置くことはできない。このような使用を、右にみた物語外部用法と対比的に示すため、物語内部用法と称した。ただし、これらにおいて、現出する語り手は物語の外部からそれを傍観する立場にある。つまり、語ることが物語と一体化することは原則としてない。

「昔」の物語内部用法は一貫して、ある時点から遡る別の時点を提示するものとして機能する。さらにそれは、すでに語られたことを再帰的反復的に繰り返すものと、物語の過去の部分において未だ語られていなかったものをあとになってから補完的に語るものとの二種に分類できる。ただし、いずれの使用においても、示される過去は一定の時間の枠内に収まる具体的なものとしてあった。

また、「古」の物語内部用法は、ある時点において古くなっているもの、つまりある時点に存在するものと、ある時点にはすでに存在しないものとの二つに分けられ、さらに後者は登場人物によって認識される過去と、登場人物の認識のうちにはなく物語そのものにおいて出来事の先後関係を示すものとの二種に区分することが可能である。

これら物語内部用法において、語り手は出来事を語ることはあっても、その物語のなかに入り、物語の状況に立ち合うことはない。日本書紀が世界の誕生から持統天皇までの歴史を連綿と語るとき、物語が語りによって対象化される歴史そのものであるため、語りがそのなかに没入することはないのである。ただし、一例、語りの場と物語とが、あたかもシンクロしたかのような一体感を示す例が存した。それが他の例にまして語り手の実体化を意味するところは看過できない。

これを、範とする史記・漢書といった史書からの逸脱と解するのではなく、また作品の誤謬とみなしてしまうのでもなく、日本書紀が獲得した語りの叙法として認めるべきであろう。日本書紀は〈本文＋（自）注〉というスタイルをとる。(7)前節にも指摘したとおりであるが、これは史記・漢書をはじめとする漢籍史書が多く〈本文＋（後）注〉とあったのに学んでのことと考えられる。日本書紀は注記の方法を享受することにより、それを本文にも展開した。それは物語とそれを語る立場という二重性を本文において同時に現出させることとも繫がると考えてよい。そして物語はより強い訴求力を得ることになる。たとえば、松岡榮志（一九九五）は日本書紀の文体について「私たちが中国の史書を読むときに感じるようなリズミカルな臨場感や躍動感があまり感じられない」と評する。たしかに、日本書紀を中国の史書と同じところで論じるならば、このような感想もあってしかるべきではあろう。だが、これまでに述べたとおり、日本書紀はそれらとは別のところでの機能性を身に付けている。単に先行する諸作品の劣化コピーではなく、さまざまな叙法をもつものとして、その価値を認めることができるのである。

注

（1）地の文では「上古」のほか「太古」の例もあるが、それら「古」が修飾されて熟字となる場合と「古」単独で使用されるものとの間に意味の断層はみいだしがたく、ここでは同列に扱うこととする。

（2）このように、「古」が他の名詞の修飾語となる例（「古俗」「古語」等）が存する。また、「古之典」のように、修飾語である「古」と被修飾語との間に連体助詞的な「之」が挿入されるものもある。このような修飾語としての「古」と、単独で名詞として使用される「古」あるいは被修飾語としてある「古」とを語りの機能の観点から比較したとき、明確なちがいはみいだしがたい。本書は「古」の作品の構造における語りの機能を考察することを目的とするため、修飾語／被修飾語の差は問わず、総体として扱う。なお、「昔」もこの扱いに準じる。

（3）三国志　魏書四十三少帝に、

帝問曰、鄭玄曰、稽レ古同レ天、言堯同二於天一也。王肅云、堯順二考古道一而行レ之。二義不レ同、何者為レ是。賈・馬及肅、皆以為順二考古道一。順二考古道一、非二其至一也。

とあり、「順考古道」の典拠が指摘される。ただし、いずれも会話文中での使用であることに注意される。

（4）物語外部用法が巻二十一までに集中するのに対し、物語内部用法は巻二十一以降に集中する。

（5）ただし、朱鳥元年七月戊午に「改元曰二朱鳥元年一。仍名レ宮曰二飛鳥浄御原宮一」とあるため、正式に宮の名称が決定したのは天武十四年以後のことである。

（6）松岡（一九九五）に、第一段正文の「古」が淮南子精神訓に基づくものとの指摘がある。また、瀬間正之（二〇〇〇）は第一段一書第二および第六の「膏」の使用について精神訓の利用の可能性を指摘しており、日本書紀そのものが広く淮南子の利用をしていたことを思えば、当該の「古」が精神訓に基づくものである可能性も否定できない。ただし、第一段正文における淮南子の利用は俶真訓および天文訓で、他に精神訓を利用したと確実に判断できるところはない。

（7）前節の繰り返しになるが、論者は日本書紀の注が後注ではなく自注であるとする説（坂本太郎・一九五五、小島憲之・一九六二、中村啓信・一九七〇等）を支持する。

［補注］ 古事記の「昔」

第一章第一節および第二節に述べたとおり、古事記にも地の文における「昔」の例が一例存在する。

又、昔、有㆓新羅国王之子㆒。名、謂㆓天之日矛㆒。是人、参渡来也。　（中巻　応神天皇）

とあるのがそれで、この「天之日矛」が「多遅摩之俣尾」の娘である「前津見」を娶って「多遅摩母呂須玖」を産み、さらにその子が「多遅摩斐泥」、その子が「多遅摩比那良岐」、その子が「多遅麻毛理・多遅摩比多訶・清日子」である。さらに多遅摩比多訶の子として「葛城之高額比売命」の名が記され、この葛城之高額比売命については分注に「此者息長帯比売命之御祖」とある。これらのうち、多遅麻毛理はすでに、垂仁天皇条に「三宅連等之祖」として登場している。また、葛城之高額比売命とその分注に記される息長帯比売命とは、開化天皇の系譜に名がみえる。息長帯比売命は仲哀天皇の后であり、応神天皇の母親である。

つまり、応神天皇条の末尾にあらわれた天之日矛は、開化天皇以前に存在することになる。そのため、ここでは「昔」として、それが応神天皇条に遡った時間であることを示す。本論でみたとおり、これは日本書紀における「昔」の内部用法に近い。しかしながら、日本書紀では引き戻す時間を一定の枠内に収まるかたちで示すのに対し、ここの「昔」は開化天皇以前ではあるものの、それがいつであるのかは不明確である。この点において、両者のちがいがみられる。

引用文献

小島憲之（一九六二）「日本書紀の注」（『上代日本文学と中国文学（上）』塙書房　一九六二年九月）

坂本太郎（一九五五）「日本書紀の分注について」（『史学雑誌』64—10　一九五五年一〇月）
瀬間正之（二〇〇〇）「日本書紀開闢神話生成論の背景」（『上智大学国文科紀要』17　二〇〇〇年三月）
中野幸一（一九七一）「源氏物語における草子地」（『主題と方法（源氏物語講座第一巻）』有精堂　一九七一年五月）
中村啓信（一九七〇）「日本書紀の本注」（『国学院大学日本文化研究所紀要』13　一九七〇年一二月）
松岡榮志（一九九五）「『日本書紀』の文体について」（『古代文学講座10　古事記・日本書紀・風土記』勉誠社　一九九五年四月）

参考文献

飯泉健司（二〇〇四）「風土記の第三者記述」（『高岡市万葉歴史館紀要』14　二〇〇四年三月）
田中隆昭（一九九四）「源氏物語草子地の機能—『史記』論纂・唐代伝奇とのかかわりから—」（『国文学研究』112　一九九四年三月）
毛利正守（二〇〇五）「日本書紀冒頭部の位置づけ—書紀における引用と利用を通して—」（『国語と国文学』82—10　二〇〇五年一一月）

第三節　日本書紀の冒頭表現

序

　これまでの日本書紀研究において、冒頭部は他の部分に比しても重要な部分として扱われてきた。特に、端緒である第一段正文は内容として天地の形成を語る前半と神々の生成を語る後半に分けられ、その前半が作品のなかでいかに位置づけられるかが大きな問題としてあり、日本書紀の成立からほどない平安期からすでに議論がおこなわれている。日本書紀私記に痕跡が示されるように講書のなかでその解釈が問題となり、その問題意識は中世にいたって日本書紀纂疏等に引き継がれ、そして現在にまでいたる。神野志隆光（一九八九）のまとめるところに従うと、その方法はおおよそa序文説・b三才開始説・c一般論説の三つに分けることができる。すなわち、「第一段後半・第二段・第三段の一体性を認め」たうえで、第一段の前半を「「神代」の展開の本体から切り離す」ものがa説、「「神代」の構成的一部と見る」ものがb説であり、またc説は第一段前半が第一段後半以降とは繋がらない、いわば「かざり」としてみるものである。このうち、近世より以前は、特に卜部家の言説を中心として、a・bの二説が主流であったが、近世からごく最近にいたるまではc説が支配的となっていた。しかし、神野志による一連の考察（神野志・一九八九、神野志・一九九〇、神野志・一九九二）によってa・b説の再評価がなされ、さらに齊藤静隆（一九九一）は一書を概観するかたちで冒頭部の在りようを論じ、そこにおいて冒頭部が日本書紀にとって欠くべからざるものであることを述べた。そして、毛利正守（二〇〇五）は、日本書紀における漢籍の引用と利用の様相を踏まえたうえで、冒頭部が漢籍の引用ではなく利用としてあることを明らかにし、それをもって日本のことを語る意味について考究した。

このように、現在はａ・ｂ説に近い言及が多い。この、ｃ説からａ・ｂ説への再転換は、成立論的研究から作品論的研究へという、研究方法の流れと重なる。つまり、その成立の契機を明らかにし、そこから個々の要素を意味づけする方法から、全体を有縁的な一体と認めることで作品として十全たりうると捉え、その作品の個性を考える方法への移行と軌を一にするものといえる。

そもそもｃ説の基層にあるのは、第一段正文の前半が淮南子・類書をもとにした「中国の古伝承を組み合わせた」（日本古典文学大系『日本書紀』頭注）ものとするみかたであって、すなわち漢籍の文章を再構成した借りものとしての認識である。しかし、「漢籍はあくまで利用」であり、「書紀の基本的な立場として、とりわけ日本を冠する『日本書紀』の記述として、冒頭からその方向は日本に向いており、日本のこと、日本に通じることが語られている」と指摘する毛利（二〇〇五）の発言を正面から受け止めねばなるまい。

そのことを踏まえたうえで、第一段正文の前半と後半の連続がいかにあるか、またそれが日本書紀のなかでどのような意味をもつのか、と問い直す必要がある。そこで、従来の研究があまり重要視してこなかった、前半の「古」と後半の「故曰」との対応関係に注目したい。「古」より始発する前半が作品のなかでいかなる世界を提示しているのか、また「故曰」以下の後半がその提示をどのように承けたのか、と考えたとき、そこには両者の分かちがたい結びつきをみいだせる。それは、「古」がいつ・誰から・何のことを示すものなのか、そしてまた「故曰」以下がこの「古」と時間として連続しうるのか、と問うことにほかならない。

以上のような問題意識に基づき、本節においては日本書紀冒頭部の作品における位置づけを明確にするため、その漢籍利用のあり方を確かめ、それが日本書紀のなかでいかなる意味をもつのかを考察したうえで、前半と後半の関係を考究する。

一　冒頭部における漢籍の利用

まずは一書を含め、日本書紀冒頭部の全体を提示することから始めたい。以下、本節において単に「冒頭部」と呼ぶとき、それは巻第一神代上第一段の全体を指す。

（前半）
（イ）古天地未レ剖、（ロ）陰陽不レ分、（ハ）渾沌如二鶏子一、溟涬而含レ牙。（ニ）及二其（ホ）清陽者、薄靡而為レ天、重濁者、淹滞而為レ地、精妙之合摶易、重濁之凝竭難。故天先成而地後定。然後（ヘ）神聖生二其中一焉。
故曰、（ト）開闢之初、洲壌浮漂、譬猶三游魚之浮二水上一也。于レ時、天地之中生二一物一。状如二葦牙一、便化二為神一。号二国常立尊一。【至貴曰レ尊、自餘曰レ命。並訓二美挙等一也。下皆倣レ此。】次国狭槌尊。次豊斟渟尊。凡三神矣。乾道独化。所以成二此純男一。

（巻第一　神代上　第一段正文）

（後半）
①一書曰、天地初判、一物在二於虚中一。状貌難レ言。其中自有二化生之神一。号二国常立尊一。亦曰二国底立尊一。次国狭槌尊。亦曰二国狭立尊一。次豊国主尊。亦曰二豊組野尊一、亦曰二豊香節野尊一、亦曰二浮経野豊買尊一、亦曰二豊国野尊一、亦曰二豊齧野尊一、亦曰二葉木国野尊一。亦曰二見野尊一。

②一書曰、古国稚地稚之時、譬猶二浮膏一（チ）而漂蕩。于レ時国中生レ物。状如二葦牙之抽出一也。因レ此有二化生之神一。号二可美葦牙彦舅尊一。次国常立尊。次国狭槌尊。葉木国、此云二播挙矩爾一。可美、此云二于麻時一。

③一書曰、天地混成之時、始有二神人一焉。号二可美葦牙彦舅尊一。次国底立尊。彦舅、此云二比古尼一。

④一書曰、天地初判、始有二倶生之神一。号二国常立尊一。次国狭槌尊。又曰、高天原所レ生神、名曰二天御中主尊一。次高皇産霊尊。次神皇産霊尊。皇産霊、此云二美武須毘一。

⑤一書曰、天地未レ生之時、譬猶二海上浮雲無レ所二根係一（リ）。其中生二一物一。如三葦牙之初生二渥中一也。便化二為人一。号二国常立尊一。

⑥一書曰、天地初判、有レ物。若二葦牙一生二於空中一。因レ此化神号二天常立尊一。次可美葦牙彦舅尊。又有レ物。若二浮膏一（ヌ）生二於空中一。因レ此化神号二国常立尊一。（巻第一　神代上　第一段一書　囲み数字は一書の番号に対応する）

先行研究の指摘のとおり、この冒頭部は漢籍の利用箇所が多い。特に、正文の前半はそのほとんどが出典の明らかなものの利用である。前項にみたとおりこの正文前半が「日本神話と直接の関係はない。漢文の読者を意識して、形式を整えたにすぎない」（角林文雄・一九九三）とされるような、正文後半以降の世界観から切り離された別個のものとしての扱いをうける理由のひとつと考えられる。先にみた、神野志（一九八九）の分類によるところのc説である。ただし、このc説のなかにも意見の相異がみられる。というのも、角林（一九九三）のように、正文前半が日本のこととはまったく関係なく、中国の神話を冒頭に据えると考えるものから、新編日本古典文学全集『日本書紀』頭注のように「中国の神話伝説を借りて、天地の始まりはこういうものだと一般論として述べる」として、つまりこの正文前半の表現を中国に借りつつもそこに限定せずに一般化する解釈、さらに日本古典文学大系『日本書紀』頭注が「まず中国の古伝承を組合わせて一般論として提示している。（中略）これは淮南子や芸文類聚、天部などに見える、数ある中国の神話の中から日本の神話に似た話を採って纏めてある」（傍線、引用者）と示すように、日本を中心にして中国の神話伝承を持ち込んで普遍的な天地開闢説を提示していると解釈するものまである（ただし、「天先成而地後定」について、「日本の話には、この観念は見えない」と注が付される）。このようにみると、日本古典文学大系『日本書紀』頭注は神野志が分類するところのａ説に近似している。ちがいは一点、正文前半についてそれが後半部と繋がっていくことについての言及の有無である。以下、正文前半を中心としてその出典を確認することとしたい。

小島憲之（一九六二）は、正文前半が類書（芸文類聚　天部　天）に引かれた三五暦紀の一文、[1]

(ろ)未レ有二天地一之時、(は)混沌状如二鶏子一、溟涬含レ牙……(ほ)陽清為レ天、陰濁為レ地

を主として、(ほ)「陽清為レ天、陰濁為レ地」を淮南子天文訓の文、[2]

(ほ)清陽者、薄靡而為レ天、重濁者、淹滞而為レ地、精妙之合摶易、重濁之凝竭難。故天先成而地後定

と入れ替え、さらに、淮南子俶真訓の、

(ろ)天地未レ剖、陰陽未レ判【剖判混分】、四時未レ分、万物未レ生、

を(ろ)「未レ有二天地一之時」と入れ替えて成ったと指摘する。ただし、芸文類聚の天部の天には「溟涬含レ牙」の箇所を含む三五暦紀はなく、そのため小島は現存のものとは別系統の三五暦紀を用いた芸文類聚（太平御覧に引用された系統の本文）の可能性について言及した。これについて、勝村哲也（一九七八）は、当該箇所の引用は類書に基くものではあっても芸文類聚ではなく、芸文類聚と太平御覧の原本にあたる修文殿御覧の三五暦紀、

三五暦紀曰、未二有天地一之時、混沌如二鶏子一、溟涬始レ牙、濛鴻滋分、歳起摂提、元気啓肇

を用いたと断定した。

勝村の判断の根本には、芸文類聚と太平御覧における篇目構成のちがいがある。芸文類聚の冒頭「天部上」が「天」に始まり、以下「日・月・星……」と続くのに対し、太平御覧の「天部」は「元気・太易・太初・太素・太極」が「天（部）」の前にあり、以下、「日」「月」「星」が続く。唐初の芸文類聚と六朝末の修文殿御覧の篇目構成はかなり近いとみられる（勝村・一九七七）が、しかし、「芸文類聚が修文殿御覧を三分の一に縮小することを編纂の目途」（勝村・一九七三）としたため、結果として芸文類聚は「天」以前の「元気」から「太極」までを捨てることとなった。そして、「溟涬含レ牙」を含む三五暦紀の一文は、太平御覧では「天」ではなく「元気」に収められている。つまり、芸文類聚の天部の天には、仮に現在のものとはちがう系統の本があったとしても、「溟涬含レ牙」を含む三五暦紀は収められていないことになる。また、北宋のものである太平御覧に収められた当該三五暦紀と同内容のものが唐初に成った法苑珠林（巻四　日月篇第三　地動部第十三）にも、

第一元気者、（中略）三五歴紀曰、未二有天地一之時、混沌如二鶏子一、溟涬始可、濛鴻滋分、歳起摂提、元気啓肇、

とある。(3) ここでは「第一元気」以下にあるべき「第二太易」「第三太初」等がなく、そのため、却ってこれが修文殿御覧からの引き写しであることが明確となっている。(4)

このように、日本書紀第一段正文前半の基となった三五暦紀の文は、類書である修文殿御覧の天部「元気」に引かれたものであることがあきらかである。確かに、小島によって指摘された芸文類聚所引三五暦紀は天部の「天」にあるため、修文殿御覧所引三五暦紀とは別ものであり、日本書紀に利用されたとは考えにくい。とはいえ、日本書紀における芸文類聚の利用そのものがただちに否定されるわけではない。たとえば、神々の生成にかかわる「神（へ）聖生二其中一」は新編日本古典文学全集『日本書紀』の指摘するとおり、芸文類聚に引かれた三五暦紀

（天部　天）、

盤古在㆓其中㆒（ヘ）、一日九変、神於天（ヘ）、聖於地（ヘ）、

の一文からの影響の可能性をみることができる。

右の淮南子・修文殿御覧のように利用の状況が明確な漢籍の出典指摘の他に、松岡榮志（一九九五）は日本書紀の最初の文字である「古」は淮南子精神訓の、

古（い）未㆑有㆓天地㆒之時、惟像㆓無形㆒。窈々冥々、芒芠漠閔、澒濛鴻洞、莫㆑知㆓其門㆒、有㆓二神㆒混生、経㆑天営㆑地。

に基づくと主張する。先にみたとおり、第一段正文に淮南子は利用されるところが多く、また巻第一以外でも利用されるため、日本書紀当該箇所における淮南子精神訓利用の可能性は必ずしも否定されるものではない。ただし、「古」以下の文言において精神訓は「天地が未だ存しないときに二神が現れ、これが天地を創った」とあって、日本書紀の表現および文脈とは大きく異なる。異質な文脈にある文言を持ち込むと考えることには躊躇される。

さらに、瀬間正之（二〇〇〇）および瀬間（二〇〇六）では、「及㆓其㆒」（ニ）が淮南子俶真訓の、

若㆘光燿之問㆓於無有㆒、退而自失也、曰㆗予能有㆑無、而未㆑能㆓無無也㆒、及㆔其為㆓無無㆒（に）、至妙何従及㆖此哉。

に学んだと述べ、また一書についても、「膏」（チ）（一書第二）および「膏」（ヌ）（一書第六）について、それが淮南子精神訓の、

故曰、一月而膏【始育如膏也】、二月而肤、三月而胎、四月而肌、五月而筋、六月而骨、七月而成、八月而動、九月而躁、十月而生。形體以成、五藏乃形。

に学んだ可能性を指摘する。そして「無所根係」（リ）（一書第五）の出典として書紀集解に示される晋書天文志の「由㆓乎無㆑所㆓根繋㆒、故各異也。」が「日月星など天体の動きについて」の記述であり典拠としては適当ではない

ため、世界の成り立ちを語るなかで用いられる枕中書の「上无二所係一、下无二所依一」、また三皇内秘文の「上無二所係一、下無二所根一」に注目する。就中、枕中書では「状如二鶏子一」「溟涬鴻濛」と、日本書紀に用いられる語がその直前にみられる。これらの書に日本書紀が直接学んだか否かについての判断は難しいが、しかし、「これら一連の類句（引用者注・「鶏子」「溟涬」のこと）は生成論中の常套句であったと考えられる」という瀬間の指摘は重要であろう。

なお、「(へ)神聖生二其中一」「(ト)開闢之初」については、日本書紀私記（丁本）に「呂済(ママ)三五暦記云。(と)開闢之初。(へ)有二神聖一。一身十三頭。号二天皇一」とあるものの、当該の文に相当する三五暦記の引用は類書を含め、現存の諸書にみられない。そもそも、日本書紀私記（丁本）での漢籍からの「引用」は、かならずしも原文そのものを示さない。たとえば「隋書東夷伝」として「日出国天皇謹白二於日没国皇帝一者。」を示すが、しかし隋書における実際の文は「日出処天子致レ書。日没処天子無レ恙」であって、内容的には近いが文章としては異なる。他、後漢書東夷伝・礼記等においても、示される文は原文そのままではなく摘要とでもいうべきものである。とすれば、「呂済三五暦記」もそのまま引き写したのではなく、なんらかの書物に基づいてその内容を示したに過ぎないと考えられる。

神野志（一九八九）は、芸文類聚に引用される三五暦紀、

徐整三五暦紀曰、天地混沌如二鶏子一、盤古生二其中一、萬八千歳、天地開闢、陽清為レ天、陰濁為レ地、盤古在二其中一、

が「開闢」に言及するものではあっても内容の中心は「盤古」にあり、「「混沌」から「天地開闢」にいたる展開などは関心の外」であり、そのため「世界のはじまりをのべようとする『日本書紀』にとっては、B文（引用者

注・芸文類聚に引用されている三五暦紀）は出典たりえなかった」と述べる。すなわち、引用にあたっては単に任意の内容のものを継ぎ接ぎしたのではなく、その動機にふさわしい内容のものを選択した、という指摘である。これは淮南子も同様であろう。利用した俶真訓について高誘注では「俶始也、真実也。道之実始二於無有一、化二育于有一。故曰二俶真一因以名レ篇」と解されており、この解釈を含んだかたちで日本書紀が承けたものと理解してよいだろう。また天文訓では世界の成り立ちと陰陽の理について冒頭に述べられており、かつその内容全体からして世界の成り立ちと無関係ではいられない。このようにみると、日本書紀正文前半は一定の目的に基づいて適切な内容の漢籍を利用しており、そのとき、ふさわしい文脈のものを用いているといえる。

ただ、このような出典指摘は享受者たるわれわれの立場からなされるものであって、日本書紀のなかにおいて「淮南子に曰く」「三五暦紀に曰く」とあるわけではない。漢籍利用においてその典拠を示すことは不要であり、それはあくまで日本のことを記すための利用にとどまるのである（毛利・二〇〇五）。

このように出典と日本書紀本文との関係を見定めたうえで、次に第一段正文前半と後半とが日本書紀のなかでもつ意味について考えたい。

二　冒頭部の文脈

これまでに繰り返し述べているとおり、冒頭の正文はその内容として、前半と後半とに分かれる。端的にそれぞれをまとめると、前半は天地の成り立つさまを語り、後半は神々のあらわれるさまを語る。前半のような内容を先行説で天地開闢説あるいは生成論等と呼ぶことがあるが、本節においては、以下これを形成説と称する。というのも、日本書紀の場合、世界が「生まれる」というよりは、「形を成し」ていくと表現されているためである。むしろ後半のように神々が出現する様子こそが「生成」と呼ぶにふさわしいと考える。そのため、後半のような内容のものを、その在りようから、以下では生成説と呼ぶこととしたい。

冒頭部を概観すると、正文前半が形成説を専らにするの対して、後半と一書の全体は多く生成説を語るものであることに気づく。その書き出しをみると、「開闢之初」（正文後半）・「天地初判」（一書第一）・「古国稚地稚之時」（一書第二）・「天地混成之時」（一書第三）・「天地初判」（一書第四）・「天地未生之時」（一書第五）・「天地初判」（一書第六）と、一書第五を除き、いずれも天地が分かれつつあるときのこととしてある。一書第五について、瀬間（二〇〇〇）はこれを「天地生成以前を記述する」ものとして位置づけた。とはいえ、一書第五もそのなかでは、主として語られる内容が神々の生成であって、それは他の一書に異ならない(5)。あるいは一書第五の「天地未生之時」も、天地の形成そのものが始まっていないというよりは、天地の形成が完了していないその途上のときを示すものと理解されよう。

また、より詳細に正文の前半と後半をみると、前半では「古」以後「故天先成而地後定」までが天地の形成を語るもので、「然後、神聖生三其中一焉」が神々の生成にかかわるものであり、後半でも「故曰、開闢之初、洲壌浮漂、譬猶三游魚之浮二水上一也。」が形成説としての内容であり、そして「于レ時」以下が生成説である。つまり、前半と後半はその主たる内容は別であっても個々の部分では重なるところがある。正文前半を「かざり」として後半以降の内容とは別個のものとみる説の論拠のひとつはここにある。しかし、天地が形を成しつつあり、天が先に成っても未だ大地の方は完全に固まっていない、そのときのこととして神々の生成がある、とみるべきであろう（神野志・一九九〇等）。

このように、冒頭部に生成説は多くあるにもかかわらず、形成説を主とするものは正文前半のみである。その正文前半の形成説は、「古」のこととして、「天と地が分かれず、陰の気と陽の気も分かれず」あることから始まる。そしてその混沌なるところが天地陰陽の兆候を含んでいて、そして澄んで明るい気が天となり、重く濁った気が地となった。そのとき、清く明るいものは集まることもたやすいが、重く濁ったものは固まりにくく、そのために天が先に成り、地が後に成った。以上が形成説の具体的内容である。これを承けて、「然後」に神聖なるものがそこに生まれることになるのである。つまり、前半は形成説としての内容を示したうえで、それが神々の誕生へと連続することを述べる。そして、それが後半の生成説へと連なるものとしてある。

こうした正文前半の内容〈混沌→兆し→天が先に成り地が後に成る→神の出現〉は、第一段後半以後の展開と照応することによって、その陰陽論的な世界観の提示、あるいは神代の見取り図としての在りようを認めることが可能である。神野志（一九八九）の指摘によれば、それは、第一に、正文後半に「洲壌浮漂」とあっても天のことについて言及しないのは、「開闢之初」においては天が成っているが、「重濁之凝竭難」であり、地が未だ固まっていないためである。第二に、正文後半において国常立尊・国狭槌尊・豊斟渟尊の三神が「純男」として「乾道独化(6)」するのも、やはり正文前半で示されたとおり、陽が先で陰が後という原理に基づく。続く第二段・第三段の正文において陰陽の神が揃う（第三段正文「乾坤之道、相参而化」）。そして第三に、最後に生まれた伊奘諾尊・伊奘冉尊が陰陽の理に基づいて世界をかたちづくっていく。

かくして、第一段正文前半は陰陽論に基づきながら、その論理を日本書紀神代そのものの構成原理としてあることを示す。その意味で、前半のもつ意味は大きい。このようにみて、はじめて正文前半は「かざり」ではなく、日本書紀の神代の一部として組み込まれていると認めうるのである。

三　「古」と「故曰」

このとき、この正文前半が「古」から始まっていることに留意する必要があるだろう。前節までに、論者は日本書紀の地の文における「古」の様相について調査・考察し、以下のような結論を得ることができた。[7]

「古」は、語りの「今」と相対的な用法（物語外部用法）と、物語を語ることに機能する用法（物語内部用法）との二様に分類することができる。

A．物語外部用法は、物語を概括的に示すものと、物語とはかかわることなく語りにとっての過去を示すものとの二様が存する。

a1．物語外部用法（物語を概括的に示すもの）

十九年冬十月戊戌朔、幸二吉野宮一。時国樔人来朝之。因以二醴酒一献二于天皇一、而歌之曰、

伽辞能輔珥　予区周塢菟区利　予区周珥　伽綿蘆淤朋瀰枳　宇摩羅珥　枳虚之茂知塢勢　摩呂餓智

歌之既訖、則打レ口以仰咲。今国樔献二土毛一之日、歌訖即撃レ口仰咲者蓋上古之遺則也。

（巻第十　応神天皇　十九年冬十月戊戌朔）

a2．物語外部用法（物語とはかかわらない、語りにとっての「古」）

【…帝王本紀、多有二古字一、撰集之人屢経二遷易一。後人習読、以レ意刊改、伝写既多、遂致二舛雑一、前後失レ次、

兄弟参差。今則考㆓覈古今㆒、帰㆓其真正㆒。…】（巻第十九　欽明天皇　二年三月）

B．物語内部用法は、物語の任意の時点において存在するものをいう用法とすでに存在しないものをいう用法とに分かれ、さらに後者は登場人物の認識として示されるものと、登場人物の認識にはなく物語中での先後関係を示すものとに分かれる。

b1．物語内部用法（物語の任意の時点に存在するもの）

則遣㆓赤麻呂・忌部首子人㆒、令㆑戍㆓古京㆒。（巻第二十八　天武天皇上　元年七月壬辰）

b2．物語内部用法（物語の任意の時点には存在せず、登場人物の認識として示されるもの）

天皇順㆓考古道㆒、而為㆑政也。（巻第二十四　皇極天皇　即位前紀）

b3．物語内部用法（物語の任意の時点には存在せず、かつ登場人物の認識としてではなく、物語中での先後関係を示すもの）

直広肆当麻真人智徳、奉㆓誄皇祖等之騰極次第㆒。礼也。古云㆓日嗣㆒也。（巻第三十　持統天皇　二年十一月乙丑）

＊乙未、息長山田公奉㆓誄日嗣㆒。（巻第二十四　皇極天皇　元年十二月乙未）

「古」
- 物語外部用法
  - 物語を概括的に示すもの
  - 物語にはかかわらない、語りにとっての過去
- 物語内部用法
  - 任意の時点に存在するもの
  - 任意の時点に存在しないもの
    - 登場人物の認識の範囲にあるもの
    - 登場人物の認識の範囲にはなく、物語中での先後関係を示すもの

これらの分類では、いつから・誰にとって・何のことであるかが判断基準となる。たとえば、それが語りの今から・語り手にとって・物語のことであれば物語外部用法になる。また、物語のある時点から・語り手にとって・物語のなかでの過去であれば、物語内部用法であり、「物語の任意の時間に存在せず、かつ登場人物の認識としてではなく、物語での先後関係を示すもの」となる。このような基準を設けて一書第二の「古」、そして正文前半の「古」をみたとき、それはいずれに分類されるだろうか。

まず、それぞれの「古」がどの範囲までを包括するものであるかをみたい。一書第二の場合は、「古国稚地稚之時」とあるため、この「古」は一見、「時」までを限定するかのようにみえる。しかし、ここで切ってしまうと、国や地の様子についての譬喩である「譬猶二浮膏一而漂蕩」が切り離されてしまい、譬喩として用をなさなくなる。さらに、「于レ時」として「国中」に「物」が「生」じるのであるから、以下もやはり同じとき、「古」のこととして考えるべきであろう。つまり、この一書第二の「古」は、この条全体のことと考えられる。

対して正文前半では、「古」以下、「天地未レ剖、陰陽不レ分、渾沌如二鶏子一、溟涬而含レ牙。」まではひとまとまりの文と捉えられる。さらに、続く「及二其清陽者、薄靡而為レ天、重濁者、淹滞而為レ地」は「含レ牙」を発展させた内容であり、内容として連続している。その具体的説明が「精妙之合摶易、重濁之凝竭難」で、下の「故天先成而地後定」はそこから帰結された結論であり、一連のものとして把握される。そしてこのあとに来る「然後、神聖生二其中一焉」は、天地が完成したのちに神々の生成が始まったと述べているとも考えられる。しかし、地が天よりも成りがたいことを述べる内容に後接しており、かつ「故曰」より後にも天地の完成をみていない（「開闢之初」）状況が設定されていることを思えば、天地のなりつつあるときと重なりうるものと受け取るべきであろう。とすれば、神々の誕生は天地の形成の展開と重なりつつ、かつそれの完結するのは天地の形成完了ののちのことである、と理解される。となれば、正文前半全体が連続した内容であり、それを「古」が覆っているとみるべきである。

ここで、「故曰」に目を向ける必要がある。というのも、それが前半と後半とを切り替える指標として機能しており、「古」といかにかかわるかが問題となるためである。つまりは、ここに「故曰」があることで第一段正文がいかなる構造をとるのか、と問うことになる。

話を切り替えるだけならば、「故曰」ではなく「故」でも可能である。巻第三神武天皇元年正月条に、左のような「故」の例がある。

辛酉年春正月庚辰朔、天皇即二帝位於橿原宮一。是歳為二天皇元年一、尊二正妃一為二皇后一。生二皇子神八井命・神渟名川耳尊一。故古語称之曰、於二畝傍之橿原一也、太三立宮柱二於底磐之根一、峻三峙搏風二於高天之原一、而始馭天下之天皇、号曰二神日本磐余彦火火出見天皇一焉。

日本書紀においては多く、「故」の前件として原因理由が、後件にはその結果が置かれる。つまり、「故」は前後の因果関係を取りもつものとしてある。だが、この「故」の直前にある「生二皇子神八井命・神渟名川耳尊一」と、直後にある「古語称之曰」以下の内容とは直接の因果関係がなく、つまり「故」は文脈の切り替えをするものとしてはたらいている。なお注意すべきは、毛利（二〇〇五）に指摘される通り、「故曰」という表現自体が日本書紀のなかでは他に例がないことである。ならば、「故」単独の用例とは別のところにその意味を見出すべきであろう。

「故曰」自体は漢籍において頻出の語であるが、

呂将軍走、徼レ兵復聚、与二番盗英布一相遇、【師古曰、番即番陽県也。於レ番為レ盗、故曰二番盗一。番音蒲何反。

其後番字改作鄱。】攻撃㆓秦左右校㆒、破㆓之青波㆒、復以㆑陳為㆑楚。（漢書　列伝巻三十一　陳勝項籍伝第一　陳勝）

右例にみられるように、「〜という理由でもって〜という」とする、名称や状況の理由として使用されるものが圧倒的多数を占める。

ただし一例、

今秦破㆑韓、以為㆓長憂㆒、得㆓列城㆒而不㆓敢守㆒也。伐㆑魏而無㆑功、撃㆑趙而顧㆑病。則秦魏之勇力屈矣。楚之故地漢中・析・酈、可㆓得而復有㆒也。王出㆓宝弓㆒、碆㆓新繳㆒、渉㆓鄳塞㆒、而待㆓秦之倦㆒也、山東・河内可㆓得而一㆒也。労㆑民休㆑衆、南面称㆑王矣。故曰、秦為㆓大鳥㆒、負㆓海内㆒而処、東面而立、左臂拠㆓趙之西南㆒、右臂伝㆓楚鄢・郢㆒、膺撃㆓韓・魏㆒、垂㆓頭中国㆒。処既形便、勢有㆓地利㆒、奮㆑翼鼓㆑翅、方三千里。則秦未㆑可㆑得㆓独招而夜射㆒也。

（史記　世家巻四十　楚世家第十）

という例をみいだしえた。ここでの「故曰」は会話文中での使用ではあるものの、理由の説明ではない。前半は秦に対する心構えの話であるのに対し、その後半は秦の優位性について説明するものである。新釈漢文大系『史記』の注では「衍文か。意味不明」とさえいわれているもので、稀な使用の在りようと考えられる。口語訳をするならば「ところで」または「それで」といった、文脈の転換を示すものである。「故曰」の前後に明確な因果関係はみいだしがたいが、まったく無関係の内容を接続しているのではなく、「秦」にかかわる点において連続する。これを日本書紀が直接に学んだか否かは不明ではあるものの、漢籍において「故曰」の使用について、かくのごとき例があることは見逃されるべきではない。

そして、日本書紀に目を戻すと、「故曰」以後、正文後半では生成説へとその主たる内容が転換する。だが、その最初に置かれるのは「開闢之初」、すなわち天地形成の完了していない時間である。それは、前半ですでにその完了が示された形成説と重複するものであるかのようにみえる。先にもみたとおり、これがc説、すなわち前半が日本書紀の内容から乖離したものとみる論の根拠のひとつであった。しかし、前半が作品のなか、日本のこととして後半以降へと繋がる論理を提示していることを先に確かめた。では、そのように認めたとき、内容の重複をいかに見定めるべきか。

　あらためてそのつながりを思えば、内容の重複は「古」のなかで時間が前半と後半とで完全に連続していることを前提とするがゆえに生じるものであることに気づく。そのように考えるよりはむしろ、ここで時間が更新されているとみるべきではないか。つまり、語り手は前半の内容を「古」のこととして一旦語り終え、そして「故曰」からはその前半の内容を承けて舞台の状況を示し、そこに生まれる神々のことを新たに語り始める。神野志のまとめるa説を含みこむかたちでこの正文前半を認めれば、後半との内容の重複は、「古」と「故曰」との対応においてよむことができるだろう。

　仮にこの「故曰」がなく、「然後、神聖生㆓其中㆒焉。開闢之初、洲壌浮漂、譬猶㆔游魚之浮㆓水上㆒也」と連続してしまえば、そもそも前半と後半の区別すらなく、「開闢之初」がそれまでの文脈を無視して唐突に現れることになる。また、区別がない以上、「古」は後半であったところまで及び、そして物語の全体へと拡大するだろう。あるいは「故天先成而地後定。于㆑時、天地之中生㆓一物㆒」と、形成説から生成説へと連続するかたちであったとすれば、それは現行のものとはまた別の物語になる。そして、やはり「古」のことを語り続けるものとして物語は存在することになる。この「故曰」が文脈を切り替える、いわば分水嶺としてはたらいていることの意味を認めねばなるまい。

　前半と後半とはその主たる内容が形成説であるか生成説であるかという区切れをみせる。また、前半が後半以降の展開に至る原理とその舞台を設定し、またその舞台に神々が生まれることを示しており、そして後半はその前半に示された筋に従って展開する。(8)

　このようにそれぞれの「古」の意味するところをみたうえで、先の基準を当てはめて考えてみたい。一書第二は、それ自体が独立した内容をもち、正文はもちろん他の一書とも内容として連続しない。一書第二の全体を「古」が包括するため、物語のなかのものではなく、語りの「今」からと判断される。当然語り手にとってのもので、具体的にいつを指すかは不明というほかないが(9)物語そのものを「古」が覆う以上、物語のこととなる。対して正文前半でも、一書第二と同様、前半全体がひとまとまりのものとして「古」に包括される。しかし、一書とちがい、正文では前半と後半のつながりが問題となる。しかも、この第一段正文前半が陰陽論的世界像の枠組みとして第二段・第三段、そしてそれ以降の展開を示すものであればなおのことである。前半と後半が時間として不連続であることは右にみたとおりで、この「古」は正文前半のことではあっても、後半には及ばない。そして後半から第三段までが時間配列として連続しているものであり、よってこの「古」は正文後半以前の時間として考えることが可能である。そうして第一段正文後半・第二段・第三段における独化三神から乾坤相参の八神にいたる神世七代の舞台として、第一段正文前半はあるといえる。「古」としての第一段正文前半は第一段正文後半とは別の時間として示される。

　この前半が第三段まで、そしてそれ以降の物語における枠組みを提示することは先にみたとおりである。その陰陽論的宇宙観が日本において、しかもそれがいつともしれぬ「古」において始まる原初の在りようを語るものとして、この第一段前半はある。このようにして、「古」の意味は見定められるのである。そして前半は後半からみた「古」、すなわち物語のある時点からのものと考えられる。また、登場人物に認識されるものではなく、今まさに神々が生まれようとするそのさまを語ろうとする語り手にとってのもので、前半において設定された規範である陰陽論によって以後の物語が規制されるのであるから、第一段正文後半からみた物語のなかでの過去と判断される。同じく冒頭に「古」をもち、それがひとまとまりの内容を覆う正文前半と一書第二の例は、こうしてその差異が認められる。

正文前半の「古」は語り手にとってのもので、たとえば昔話がそうであるように、前半だけをみる限り、以下の話のすべてがその「古」であるようにみえる。天地形成を陰陽論に基づいて「古」のこととして語り始めた前半の物語では、神々の誕生へと連続することが示される。しかし、「故曰」で時間の連続は途切れ、そして、そこからあらためて舞台が天地形成の現場にもどり、そこで「神聖」が生まれる実相が描かれる。それはもはや「古」ではなく、かつ語りの「今」とも異なった、物語における「今」に近いものとして認められる。そしてここから、物語は語り手によってあたかも現前のものであるかのように語られるのである。

結

第一段正文前半がその表現の大半を漢籍より借り受けたものとしてみられ、また後半と重複するかのような内容をもつがゆえに、日本書紀の物語ではなく「一般的」な神話としての扱いを研究史においてうけてきた。しかし、その表現はむしろ借り物ではない。漢籍の文章は日本書紀に消化吸収され、日本書紀において新たなものとして作り直されたとみるべきであろう（毛利・二〇〇五）。それは観念においても同様で、中国の思想としての陰陽論もまた、日本書紀のなかに再構成されることで日本のことを語るためのものとして利用される。さらに、その出典として使用されるものが日本書紀で語ろうとする内容と関連するところの強いものを選択していることをみれば、無分別に文飾を施したのではないと理解される。また、第一段正文前半が、続く後半、また第二段正文および第三段正文へと繋がるものであることを確かめると、やはりそれは日本書紀の最初に置かれることにおいて機能するものであるといえる。

　そのとき、「古」から語り始められることに目を向けたい。たとえば、本節においても先にみたが、淮南子精神訓は、

　古未レ有二天地一之時、惟像二無形一。窈々冥々、芒芠漠閔、澒濛鴻洞、莫レ知二其門一、有二二神一混生、経レ天営レ地。

として、「古」から始まり、その内容そのものを「古」のこととして示す。いわば昔話のように、それが語りの「今」とは別のものであることを全体に敷衍するものである。また、時代は下るものの、「古」を冒頭にもつ小学の書題は、

　古者、小学教レ人、以二灑掃・応対・進退之節、愛レ親敬レ長隆レ師親レ友之道一。（中略）今其全書、雖レ不レ可レ見、而雑二出於伝記一者、亦多。

「今」の現状と「古」の理想的な状況とを対比して描出する。いずれの例においても、「古」は任意の「今」を起点とした対照的な時空として提示される。「古」はなにがしかの「今」に遡るものとしてのみ存在しうるためである。

　日本書紀はその冒頭を「古」に始める。とすれば、以下にあることは語り手にとっての「古」として提示されているとみるべきであろう。そのとき、天地は未だ分かれていない。そこから軽くて澄んだものが天となり、重くて濁ったものが地となる。そしてそのなかに神聖なるものが生まれる。ここで語られるのは、混沌から天と地

とが固まるにいたり、そののちに神々が出現することを示す神話である。あくまで、形成説を語ることが主眼であって、そのうえで生成説への移行を提示するものと認められる。そして、「故曰」からは、舞台が「開闢之初」であることを述べたうえで、神々の生成へと内容が切り替わる。このとき、「古」としての天地形成の時間はすでに語り終わっている。物語は天地開闢の初めのときではあるが、生成説を、そこに生まれ出る神々のことを今まさに語ろうとしている。その切り替えの点として、また直前の「然後、神聖生其中焉」を敷衍する指標として「故曰」は機能している。なお、この「神聖」の生まれることが天地形成の結果をうけつぐことに留意すべきであろう。「故曰」以下で語られる神々の生成は、天地形成の物語によって示された陰陽の理に則ったものであり、その理をあらためて示すことで日本書紀の神代は始まる。「古」の世界を礎として神々の誕生が始まるのである。この「古」は語り手からのものではあっても、物語の外から物語そのものを示すのではなく、物語のなかでの時間概念としてある。神々の誕生が物語の「今」として、現前にある物語として提示されるのである。

畢竟、日本書紀は一つの作品としてある。そして正文の前半と後半を通しても、日本のこと、日本に通じることを語るのである。

このように第一段正文を「古」と「故曰」との関係において見定めたうえで、そこに付された一書の在りように目を向けたい。第一段の一書は、その内容としていずれも生成説をもち、形成説を主とする内容のものはみいだしがたい。第一段後半が一書と同様に神々の生成を語るものであることを踏まえれば、これは、一書が正文の前半ではなく後半に対する異文であることにほかならない（毛利・二〇〇五）。日本書紀神代巻の一書が正文の内容を相対化するものとしてある（金井清一・二〇〇〇）としても、この第一段の正文前半はそのような相対化の対象とはならず、むしろ後半が相対化されることによって却って前半が絶対化されると考えることができるのではないか。そうしたとき、「古」が後半とはちがった時間にあることはより強く明瞭になる。

こうして「古」は、後半以降の生成説としての内容からみた、いつともしれぬ時間を示すものとして理解される。あるいは、そのような時間を示さねば作品そのものを切り開くことはできなかったと考えられる。

注

（1）三五暦紀について、法苑珠林では「歴紀」、太平御覧・五行大義・新唐書（芸文志）・芸文類聚では「暦紀」とされ、日本書紀纂疏では「暦記」とされる。本書では多くの類書および史書に「暦紀」とあることから、「三五暦紀」と表記する。

（2）日本書紀が「淹滞而為地」であるのに対して、現行の淮南子では「凝滞而為地」となっている。これについて小島（一九六二）は、北堂書鈔所引淮南子（巻一五七地部地篇）に「淹滞而為地」となっていることを示したうえで、現在のものとは別の淮南子があった可能性を指摘する。

（3）勝村の研究では、修文殿御覧の編成上の特徴として、

　引用書は「某書曰」と記す形式を取り、「某書云」の形式は取らないこと

が指摘され、さらに、法苑珠林が漢籍を引用するときの特徴として、

(1)引用書を「群」として引用するのが一般的である。

(2)その際、一見不用意と思われる程、原著の字句を修正しない。

(3)引用には大略三形式がある。

(イ)各条文の冒頭に「某書云」「某経云」と記す形式、

(ロ)条文の末尾に「〔以上〕出某書」「以上幾験出某書」と記す形式

(ハ)各条文の冒頭に「某書曰」「依某書曰」と記す形式

（以上の修文殿御覧・法苑珠林二書の特徴については、勝村（一九七七）を参考として論者が再構成した）

が指摘されている。さらに、法苑珠林全般において修文殿御覧を出典とすることが確実な箇所は五条以下の「群」としてみいだすことが可能であるとする。このような編成上の特徴からも、当該箇所が修文殿御覧からの引き写しである蓋然性は高い。

（4）勝村（一九七八）で復元された、修文殿御覧天部元気に引用された三五暦紀には「陽清為レ天、陰濁為レ地」の文言がない。ただし、「三五暦紀曰、清軽者上為レ天、濁重者下為レ地」とする箇所が存する。そのため、小島によって指摘された「陽清為レ天、陰濁為レ地」から淮南子への転換は、少なくとも、文として連続しない箇所でのものとなる。

（5）齊藤（一九九一）は、正文および一書において、書き始めの表現と始源の神とを対応させたとき、〈天地剖判神話―国常立尊〉と〈混沌の神話―可美葦牙彦舅尊〉との対応関係を指摘する。そして、一書第五「天地未生之時―国常立尊」とあって、〈混沌の神話〉であるにもかかわらず原初の神が〈国常立尊〉であることについて、「可美葦牙彦舅尊の世界に近いもの」、すなわち二つの神話の折衷的な状態としての理解を示した。

（6）易経の繋辞上に「乾道成レ男、坤道成レ女」とある。

（7）ここで扱った「古」は会話文を含まず、地の文における用例のみである。また、「上古」「太古」のように「古」が被修飾語となるもの、「古道」「古冠」のように「古」が修飾語となるものも同列に扱った。

（8）「天地開闢之初」においてその端緒に現れる「一物」が「無規定な」ものであり、それが陰陽の理に規制されることで男女の神が生まれることを、「中国伝来の陰陽論と日本の「古伝」を巧妙に縫合する」ものと指摘した米谷匡史（一九九三）の見解は重要である。

（9）前節の調査において、日本書紀中で同じく「過去」を主たる意味としてもつ「昔」と「古」とを比較した結果、「昔」が限定的で輪郭の明確な過去を示すのに対し、「古」はその範囲を明確にせず、漠然とした過去を示すことが確認された。

引用文献

勝村哲也（一九七三）「修文殿御覧巻第三百一香部の復元―森鹿三氏「修文殿御覧について」を手掛かりとして―」（『日本仏教学会年報』38　一九七三年三月）

勝村哲也（一九七七）「『修文殿御覧』新考」（『鷹陵史学』3・4　一九七七年七月）

勝村哲也（一九七八）「修文殿御覧天部の復元」（『中国の科学と科学者』京都大学人文科学研究所　一九七八年三月）

角林文雄（一九九三）『『日本書紀』神代巻全注釈』（塙書房　一九九三年三月）

金井清一（二〇〇〇）「律令制下の古事記の成立」（『古事記年報』42　二〇〇〇年一月）

神野志隆光（一九八九）「『日本書紀』「神代」冒頭部をめぐって」（『古事記・日本書紀論集』続群書類従完成会　一九八九年一二月）

神野志隆光（一九九〇）「『日本書紀』「神代」の世界像―その問題点をめぐって―」（『人文科学科紀要』91　一九九〇年三月）

神野志隆光（一九九二）「『日本書紀』「神代」冒頭部と『三五暦紀』」（『記紀萬葉論叢』塙書房　一九九二年五月）

小島憲之（一九六二）『上代日本文学と中国文学（上）』（塙書房　一九六二年九月）

齊藤静隆（一九九一）「『日本書紀』神代巻冒頭部の構成」（『国学院雑誌』92―1　一九九一年一月）

瀬間正之（二〇〇〇）「日本書紀開闢神話生成論の背景」（『上智大学国文科紀要』17　二〇〇〇年三月）

瀬間正之（二〇〇六）「アメツチノハジメ」（『国文学　解釈と教材の研究』51―1　二〇〇六年一月）

松岡榮志（一九九五）「『日本書紀』の文体について」（『古代文学講座10　古事記・日本書紀・風土記』勉誠社　一九九五年四月）

毛利正守（二〇〇五）「日本書紀冒頭部の意義及び位置づけ―書紀における引用と利用を通して―」（『国語と国文学』82―10　二〇〇五年一〇月）

米谷匡史（一九九三）「『日本書紀』「神代」第一段の構成―「葦牙」のごとき「一物」をめぐって―」（『論集『日本書紀』「神代」』和泉書院　一九九三年一二月）

参考文献

榎本福寿（二〇〇九）「日本書紀の冒頭神話の成り立ちとその論理」（『記紀・風土記論究』おうふう　二〇〇九年三月）

勝村哲也（一九九〇）「藝文類聚の條文構成と六朝目録との関連性について」（『東方学報』62　一九九〇年三月）

角林文雄（二〇〇一）「『日本書紀』・『古事記』冒頭部分と中国史書」（『京都産業大学日本文化研究所紀要』6　二〇〇一年三月）

菊池克美（一九九三）「記紀冒頭句考―「天地開闢」の思想史的意義―」（『日本歴史』543　一九九三年八月）

瀬間正之（二〇〇一）「古事記序文開闢神話生成論の背景」（『上智大学国文科紀要』18　二〇〇一年三月）

孫久富（一九九六）「天地開闢と中国古典」（『日本上代の恋愛と中国古典』新典社　一九九六年七月）

戸川芳郎（一九七六）「帝紀と生成論」（『中国哲学史の展望と模索』創文社　一九七六年一一月）

西宮一民（一九九二）「古事記の構造論的解釈と文脈論的解釈―冒頭の創世神話を中心として―」（『記紀萬葉論叢』塙書房　一九九二年五月）

福島秋穂（一九八九）「『日本書紀』巻第一冒頭の記事をめぐって」（『国文学研究』99　一九八九年一〇月）

森鹿三（一九六四）「修文殿御覧について」（『東方学報』36　一九六四年一〇月）

第三章　古事記の名と称

第一節　古事記における「子」と「御子」

序

本節の主たる目的は、古事記における「子」の使用を考えること、特に、単独語形の「子」と敬意表現である「御子」の使用差についての考察である。これまで、古事記中の「子」を含む表現についての研究のうち、「天神御子」など、特徴的な表現についての考察は多くあるが、網羅的かつ概括的な言及はあまりみられない(1)。そのため、古事記の語りのうち、人称の表現の観点からその用法を考えることで、古事記の語りの在りようを考えることとしたい。なお、日本書紀ではすでに、朴美賢（二〇〇三）において「子」「兒」についての考察が行われている。

古事記における「子」字は、序の二例を除くと全六〇五例、うち上巻が一四三例、中巻が三二四例、下巻が一三八例である。中・下巻の神武天皇即位後の表記をみると、その使用は系譜部分と物語部分において様相を異にする。系譜部分では、当然のことながら親―子の関係が明示されるため、「子」「御子」の語が頻用される。たと

えば、

此天皇、娶二意富本杼王之妹、忍坂之大中津比売命一、生御子、木梨之軽王。　（下巻　允恭天皇　系譜）

のように、天皇の子を示すとき、あるいは皇子女の系譜を提示するとき、「子」「御子」といった表現が用いられる。このとき、右のように系譜に使用される「子」「御子」と、左のように物語における「子」「御子」の用法、

即為レ鎮二御腹一、取レ石以纏二御裳之腰一而、渡二筑紫国一、其御子者、阿礼坐。　（中巻　仲哀天皇　物語）

とを同列に扱うことは避けるべきである。というのも、以下にみるとおり、系譜記事の叙述は一定の文型に則っており、そのなかで「子」も厳密な規則性をもって用いられるためである。一方、中・下巻の物語について、「子」「御子」に関わるそのような文型の制約は比較的ゆるやかである。また、天皇即位以前の記述、すなわち中巻の冒頭と上巻では、系譜と物語が定型をもたないため、峻別が難しい。そのため、まずは中・下巻における「子」「御子」の用法を総括し、その上で上巻における「子」「御子」の使用を考察の対象としたい。

一　中・下巻、系譜の「子」「御子」

中・下巻の系譜における「子」字の全用例数は二七九例である。ただし、「槁根津日子」「小子部連」といった固有名詞での使用が一一二例、「壬子年」「戊子年」のように年号での使用が二例あり、これを除くと、親族呼称としての「子」の使用は一六五例である。語形としては、単に「子」として使用されるものが四六例、「御子」が一〇七例、「太子」が八例、「一子」が二例、「子代」「御子代」がそれぞれ一例ずつ、合計七種である。ただし、「子代」「御子代」はそれぞれ「子＋代」「御子＋代」の語構成であるため、実質的には五種とみてよいだろう。

この一六五例は、以下に示すA～Jの文型において使用される。

A　父が母を娶り、生まれた子を提示するもの

・父　娶（母の親族等　親族呼称）母　生〈「子」／「御子」〉子

・比古布都押之信命、娶㆓尾張連等之祖、意富那毘之妹、葛城之高千那毘売㆒、生子、味師内宿禰【此者山代内臣之祖也】。　（中巻　孝元天皇）

B　Aのうち、母の親族関係を「子」「御子」で提示するもの

・母の親族等　〈「子」／「御子」〉

・此天皇、娶㆓葛城之曾都比古之子、葦田宿禰之女、名黒比売命㆒、生御子、市辺之忍歯王。　（下巻　履中天皇）

C　天皇および皇族の子を総括するもの

・父　「之」〈「子」／「御子」〉～「柱」

・凡日子坐王之子、并十一王。　（中巻　開化天皇）

・此天皇之御子等、并八柱。【男王五、女王三。】　（中巻　孝霊天皇）

D　両親を示さず、片方の親とその子を提示するもの

・〈父／母〉「之」〈「子」／「御子」〉

・故、兄大俣王之子、曙立王。　（中巻　開化天皇）

E　天皇の即位記事の冒頭にあって、以前の天皇との続柄を提示するもの

・〈「子」／「御子」〉天皇　「治天下」

・御子、広国押建金日王、坐㆓勾之金箸宮㆒、治㆓天下㆒也。　（下巻　安閑天皇）

F　子のないことを提示するもの

・「無」〈「子」／「御子」／「太子」〉

・娶二大日下王之妹、若日下部王一。〔無レ子。〕　（下巻　雄略天皇）

・此之二柱、無二御子一也。　（下巻　仁徳天皇）

G　子がいないときにその名を残すための子代を定めたもの

・次、伊登志和気王者、【因レ無レ子而、為二子代一定二伊登志部一】。　（中巻　垂仁天皇）

・此天皇、無二太子一。故、為二御子代一、定二小長谷部一也。　（下巻　武烈天皇）

H　「太子」のかたちで名に下接し、敬称としての役割を果たすもの

・故、為二白髪太子之御名代一、定二白髪部一、又、定二長谷部舎人一、又、定二河瀬舎人一也。　（下巻　雄略天皇）

I　「一子」のかたちで子の存在を提示するもの

・一子、孫者、【伊賀須知之稲置・那婆理之稲置・三野之稲置之祖。】　（中巻　安寧天皇）

・一子、和知都美命者、坐二淡道之御井宮一。　（中巻　安寧天皇）

J　その他（四例）

・若帯日子命与倭建命、亦、五百木之入日子命、此三王、負二太子之名一。　（中巻　景行天皇）

・此太子之御名、所三以負二大鞆和気命一者、初、所レ生時、如レ鞆完、生二御腕一。　（中巻　仲哀天皇）

・【此女王等之父、品它真若王者、五百木之入日子命、娶二尾張連之祖、建伊那陀宿禰之女、志理都紀斗売一、生子者也】。　（中巻　応神天皇）

・為二太子伊耶本和気命之御名代一、定二壬生部一、　（下巻　仁徳天皇）

このうち、神武天皇の即位以前の文脈で使用されるものが一例ある。

故、邇芸速日命、娶二登美毘古之妹、登美夜毘売一生子、宇麻志麻遅命。

この例はAと同様の構文をとり、系譜における叙述の基本形式に則ったものである。そのため、数値としてAのなかに組み込んだ。

このなかで特徴的なのは、「子」と「御子」「太子」との使い分けである。たとえば、Gの例をみると、親が天皇の場合は「御子代」、親が非天皇（皇子）の場合は「子代」と、その親の在りようによって「子」と「御子」とが使い分けられている。一六五例の全体をみると、表1のようになる（「一子」は「子」の例に組み込んだ）。

表1　中・下巻、系譜の「子」

	親が天皇	親が太子	親が皇子	親が皇女	親が非皇族	合計
子	9		31	1	8	49
御子	105	3	1			109
太子	8					8
合計	116	3	37	1	8	165

※父が倭建命の例は「親が天皇」に組み込んだ。[2]

「御子」の表現をみると、親が天皇の場合は一〇五例であるのに対し、非天皇の場合は四例である。一方、「子」の表現をみると、親が天皇の場合は九例のみであるのに対し、非天皇の場合は四〇例である。「太子」については、親が天皇の場合のみ使用される。〈天皇―「御子」〉と〈非天皇―「子」〉が相補関係にあるとすれば、非天皇の「御子」（四例）と天皇の「子」（九例）が異例であるようにみえる。

親が非天皇の「御子」の例のうち、三例は敏達天皇の太子である日子人太子を親とする記述である。日子人太子自身は即位しなかったが、皇子が舒明天皇として即位する。そのため、日子人太子の子についても「御子」として提示する。なお、親を天皇とする「御子」一〇五例のうち、五例は父を倭建命とするもので、これも、皇子が仲哀天皇として即位する。残りの一例は、

伊弉本別王御子、市辺忍歯王御子、袁祁之石巣別命、坐二近飛鳥宮一、治二天下一、捌歳也。（下巻　顕宗天皇）

と、即位していない父と天皇となった子との関係において使用される。

つまり、系譜における「御子」の表現は、父が天皇であるか、子が天皇となった場合にのみ使用される。「太子」の例をみると、すべて父親が天皇である。また、「此天皇、無二太子一」（下巻　武烈天皇）の例において理解されるように、天皇位の後継者をいう表現である。ただし、「木梨之軽太子」は遂に皇位に即かず、「日子人太子」のように本人は皇位に即かず皇子が天皇として即位する例もある。

父が天皇あるいはそれに準じるものであるにもかかわらず「子」が使用されている例のうち、二例は、「又、妾之子、豊戸別王」「又、妾之子、沼名木郎女」（以上、中巻　景行天皇）と、子の親として主体的に示されるのが「妾」の例である。倭建命を父とする系譜のなかにも母親を提示する「又一妻之子、息長田別王」の例がある。父が天皇であっても、「妾／妻之子」のかたちで提示するときは、「御子」ではなく「子」の例が使われている。

また、応神天皇条では、「故、高木之入日売之子、額田大中日子命」と、やはり母を提示する例が存する。ただし、高木之入日売と並んで后となった中日売・弟日売については、「中日売命之御子」「弟日売命之御子」と、「御子」と表現される。ここでは、母親に「命」と敬称の付されていることにも注意すべきであろう。その皇

子・皇女をみると、高木之入日売の皇子には、応神天皇の遺命に背いて皇位を奪おうとした大山守命がいる。また、中日売の皇子には、仁徳天皇として即位する大雀命がいる。母親の敬称の有無も含め、ここで「子」と「御子」とが使い分けられているのは、その皇子たちの在りように応じているのではないか。

　この高木之入日売―大山守命の類例としては、神武天皇条の「娶二阿多之小椅君妹、名阿比良比売一、生子、多芸志美々命」が挙げられる。多芸志美々命もまた、父である神武天皇の崩御したのち、母のちがう三人の弟を弑さんとした。このように、天皇の子であっても、王権への反逆者については「御子」と表現されないことがある。(3)

　倭建命の系譜のなか、「故、大帯日子天皇、娶二此迦具漏比売命一、生子、大江王」と、Aの形式で「子」の使用される例がある。迦具漏比売命は倭建命の曾孫であることが示される。一方、大帯日子天皇（景行天皇）においても「又、娶二倭建命之曾孫、名須売伊呂大中日子王之女、訶具漏比売一、生御子、大枝王」とあって、こちらでは「御子」と記される。また、妻にも「命」とあることに注意される。ある天皇（およびそれに準じる存在）の系譜を叙述している中で、他の天皇系譜が交雑する例は類がなく、その記述法自体が異例といわざるをえない。

　残りの三例のうち、

　　子、伊耶本和気王、坐二伊波礼之若桜宮一、治二天下一也。　（下巻　履中天皇）

の「子」は、下巻からみられる例で、天皇の即位記事の冒頭、それ以前の天皇との血縁関係を提示する例である。ただ、「御子、白髪大倭根子命」（清寧天皇）あるいは「御子、広国押建金日命」（安閑天皇）のように、「御子」とあるのが通例で、ここのみ「子」とある理由は定かでない（なお、訂正古訓古事記および鼇頭古事記では、この「子」を削っている）。

　残りの二例はいずれも天皇に子のないことを示す例で、

天皇、娶㆓大日下王之妹、若日下部王㆒。［無㆑子］。　（下巻　雄略天皇）

天皇、娶㆓石木王之女、難波王㆒。無㆑子也。　（下巻　顕宗天皇）

分注であるか否かという別はあれ、后を娶ったにもかかわらず子のないことを示すときにはこのように提示する、という語りの方法と理解される。

二　中・下巻、物語の「子」「御子」

中・下巻の物語部分における「子」の全用例数は一八三例である。このうち、固有名詞の使用例が三〇例存する。そのため、検討の対象となる例は一五三例である。

この一五三例の語形（一五種）は表2のとおりである。なお、「御子」と「天神御子」とは、その使用状況が大きく異なるため、別の語形として抽出した。

表2　中・下巻、物語の「子」語形

御子	子	王子	嬢子	天神御子	太子	兄子	少子	神子	弟子	子孫	女子	男子	弟皇子	夫子	総計
52	21	21	21	12	10	4	3	2	2	1	1	1	1	1	153

系譜と同じ「子」「御子」「太子」のほか、「王子」「天神御子」「神子」「弟皇子」等、多様な使われ方をされている。このうち、「天神御子」については、青木周平（一九八〇）、毛利正守（一九九〇）をはじめとして、楠木千尋（一九九三）、大脇由紀子（二〇〇二）等において考察が行われている。また、「子」の例では、その親は必

ず非天皇であり、系譜と同様の使用意識が貫かれているものとみてよい。しかし、「御子」の使用については、必ずしも系譜と同様の使用とはいえない。

まず、「子」を含む語全体についてその使用を概観したい。

Ａ　固有名詞に下接し、敬称として機能するもの

・自レ今以後、応レ称二倭建御子一　（中巻　景行天皇）

・天皇崩之後、定二木梨之軽太子所レ知二日継一、未レ即レ位之間、　（下巻　允恭天皇）

・爾、大長谷王子、当時童男。　（下巻　安康天皇）

Ｂ　特定の対象を示す人称として機能するもの

・今、聞二天神御子幸行一故、参向耳。　（中巻　神武天皇）

・然、是御子、八拳鬚至二于心前一、真事登波受。　（中巻　垂仁天皇）

・於二髪長比売一令レ握二大御酒柏一、賜二其太子一。　（中巻　応神天皇）

・於是、王子、先飲、隼人、後飲。　（下巻　履中天皇）

・我所二相言一之嬢子者、若有二此家一乎。　（下巻　安康天皇）

Ｃ　直接に特定の人称として機能しないもの

・吾者、為二日神之御子一、向レ日而戦、不レ良。　（中巻　神武天皇）

・凡子名、必母名、何称二是子之御名一。　（中巻　垂仁天皇）

・恐。我大神、坐二其神腹一之御子、何子歟、答詔、男子也。　（中巻　仲哀天皇）

・汝等者、孰二愛兄子与弟子一。　（中巻　応神天皇）

・以是、至二于今一、其子孫、上二於倭一之日、必自跛也。　（下巻　顕宗天皇）

なお、会話文におけるCの例のうち、名告りの場面で、五瀬命が自分のことを「日神之御子」と称し、また倭建命が「大帯日子淤斯呂和気天皇之御子」と述べるなど、自身を客体化して表現するものもある。

「御子」の使用例（五二例）を系譜における使用と比較すると、確実に天皇の「御子」として使用されるものが二二例ある。その他の三〇例のうち、

此間有二媛女一。是、謂二神御子一。　（中巻　神武天皇）

のように、親が天皇でない例が五例存する。その親をみてみると、「日神」が一例、天照大御神が一例、大物主神が三例である。「日神」については、天照大御神が「天神御子」である神倭伊波礼毘古命に対して「我之御子等、不レ平坐良志」と表現する箇所がある、自らを「日神之御子」とする五瀬命と神倭伊波礼毘古命が同母兄弟であることから、天照大御神を指す表現として理解するべきであり、実質的には天照大御神が二例、ということになる。天照大御神の「御子」の表現はいずれも神武天皇即位以前である。大物主神の「御子」についての表現はすべて伊須気余理比売についての表現である。同じく大物主神を祖とする意富多々泥古が「神御子」ではなく「神子」とされることとあわせて、飯泉健司（一九九三）および毛利（二〇〇二）に指摘がある。テキストの構成原理からみれば、毛利（二〇〇二）のいうように、その子が「皇統に繋がる」がため、伊須気余理比売は「御子」と呼ばれるものと考えられる。

また、倭建命が崩御したのち、

於是、坐レ倭后等及御子等、諸下到而、作二御陵一、　（中巻　景行天皇）

のように、父が天皇に準じる倭建命であることは確かながら、その「御子」が個人を示さない例も二例ある。残

り二三例のなかに、当芸志美々命が「其三弟」を殺そうとしたとき、「其御祖」である伊須気余理比売が「其御子等」に歌でもってその陰謀を知らせ、「其御子」もその歌を聞き驚く、という例がある。この「其御子（等）」二例は、たしかに神武天皇の子ではあるが、「其」が「御祖」である伊須気余理比売を指すことから、母からみての「御子」として機能している。残りの二一例も同様に、父親を天皇とはするものの、天皇の「御子」として明示されているとは確言しがたい例である。

このように、「御子」が天皇の子でない例があり、あるいは父親が天皇ではあるものの、それが明示的でない例があって、系譜とはその使用を異にするところがある。

この「御子」について、先のA～Cの分類を当てはめると、A…五例・B…三八例・C…九例となる。Aは、品牟都和気命（本牟智和気御子）を対象とするものが一例、倭建命を対象とするものが一例、穴穂命を対象とするものが三例である。本牟智和気命と倭建命は会話文での使用例であり、いずれもその名を奉られる箇所での敬称である。「倭建」は討伐の対象である熊曾建から、「本牟智和気」は垂仁天皇に子を引き渡した母・沙本毘売からの奏上で、いずれも「下位者から上位者への献上」（矢嶋泉・一九九三）と考えてよいだろう。「穴穂御子」は、木梨之軽太子と争う場面での使用で、さらに穴穂王子と呼ばれる箇所もある。[4] 矢嶋（一九九三）は穴穂命への敬称について「暗愚さに対し、天皇としての資格の欠如を称号によって示したものとみられる」とする。ただし、雄略天皇を「大長谷王子」と呼ぶ例もあり、敬称の扱いにはなお慎重さを要す。一方、大前小前宿禰の発言のなかでは穴穂命に対して「我天皇之御子」と呼びかける部分もあって、その扱いを一元化することは難しい。

Bに分類される「御子」と呼ばれる対象の数値を、表3に示す。

このうち、品牟都和気命と品陀和気命については、いずれも物語のなかでは名前で呼ばれることがなく、一貫し

表3　物語における「御子」

神倭伊波礼毘古命	1
大碓王	1
大雀命	1
穴穂御子	1
伊須気余理比売	3
倭建命	3
品陀和気命	9
品牟都和気命	19
総計	38

て称でのみ呼ばれるという共通点がある。また、倭建命・品牟都和気命については、いずれも皇位に即かない「御子」である、という指摘がすでにある。品牟都和気命・品陀和気命については、次節で詳説する。

　このようにみると、中巻の「御子」の使用は、伊須気余理比売の例を除き、すべて父親を天皇としていることがわかる。ただし、系譜として父が天皇であることと、「御子」が天皇の子として提示されていることとは同義ではない。文脈によっては、母の子であることが明示的である場合もあり、つまり、父親＝天皇であることを前提としながら、そこに異なった意味を加えることもある、ということである。

三　上巻の「子」「御子」

　上巻は中・下巻とちがい、系譜と物語とを峻別することが難しい。たとえば「故、其大年神、娶㆓神活須毘神之女、伊怒比売㆒、生子、大国御魂神」のごとき例は、中・下巻における系譜の書式（本節第一項におけるA型）と一致するが、系譜に関わる記載内容全体はその直前にある物語と直接の関係をもたず、直後の物語とも直接の関係を示さない。つまり、その記述は、書式に限定すれば、一文あるいは一群の文章として中・下巻の系譜と類同の関係にあるが、上巻全体としては中・下巻のように整理されていない。とはいえ、これまでに得られた結果を参考にして、上巻の使用例を確認する。

上巻での「子」は全一四三例。ただし、固有名詞での使用が三四例、「桃子」等名詞での使用が四例ある。「御子」と「子」の在りようをみると、「御子」が二三例（「天神御子」の七例を含む）、「子」が六六例である。「天神御子」を除いた「御子」の例をみると、一例のみ「此者、神産巣日神之御子」と会話文のなかで神産巣日神―少名毘古那神の親子を示す例があるほかは、天照大御神・忍穂耳命・邇々芸命・火遠理命を親とするもので、基本用法として皇統に直結するものを呼ぶ表現であるといってよい。「御子」と呼ばれる対象も皇統につながる神のみである。

少名毘古那神についても、その御祖が神産巣日神であることに留意するべきであろう。夙に神野志隆光（一九八六）が指摘するように、神産巣日神は高御産巣日神とともに古事記のコスモロジーを形成する神である。さらに、この場面は、大国主神の国土形成の最終局面であり、そこにおいて神産巣日神の「御子」の助力を得ることに、その表現の意味を見いだすことができるだろう。

一方、「子」の使用（六六例）のうち、親が皇統に属する例もある。天孫降臨を語る条での例「生子、天火明命、次、日子番能邇々芸命二柱也」ではなんらの敬意表現もなく、親が非皇統の例と差別化が図られていない。一方、「此御子者（中略）生子、天火明命、次、日子番能邇々芸命、二柱也」「次、生子名、火須勢理命。次、生子御名、火遠理命」の例においては、最初に「此御子」とするもの、あるいは皇統に直結する子については「御名」とするなど、「御」を使用した敬意表現がなされている。ここで注意すべきは、親ではなく生まれた子に対して「御」が使用されていることである。絶対的権威としての「天皇」が存在する以前において、皇統に対する敬意表現も、その天皇位により近い存在に対して行われる。

このようにみると、上巻における「子」と「御子」の使用規則は中・下巻ほどに厳密ではないものの、使用意識としては同一であるといってよいだろう。すなわち、「御子」の対象となるものは皇統に直結するものであり、その親も同様である。一方、「子」については皇統・非皇統の別なく使用されることがある。ただし、皇統に直結する対象については「御」を用いた敬意表現が使用されることもある。つまり、語りの次元において、「子」と「御子」の使用には一定の統一性を看取することが可能である。

結

以上、中・下巻の系譜および物語、上巻に使用される「子」と「御子」とについて考察を行った。中・下巻系譜では「子」と「御子」の使い分けは極めて厳密で、原則として、親が天皇である場合、あるいは親は天皇ではないものの子が天皇位に即くときのみ「御子」が使用され、それ以外は「子」が使用される。

対して、中・下巻の物語では、「子」はやはり親を天皇としないものについて使用され、その「子」も天皇位には即かない。しかしながら、「御子」の使用は、前提として天皇を父親にはもつものの、むしろ母の子として使用されるもの、あるいは会話文中の例ながら、「神腹之御子」のように、父・母のいずれでもない位置づけを与えられる「御子」の例すら存する。これらは、親の属性もさることながら、御子そのものについての敬意表現であると考えられる。「御子」とされる対象についても、原則として後に皇位に即く存在についての表現であるが、倭建命・品牟都和気命は皇位に即かず、異例といってよい。

上巻の例をみると、「御子」の例については親・対象ともに、原則として皇統に直結する神についての表現である。ただし、一例のみ、会話文中に〈神産巣日神―少名毘古那神〉の親子について「御祖」「御子」の表現がみられた。また、「子」の表現についていては、皇統に直結する神についても使用されることがあった。ただし、大半は皇統に直接の関係がない神についての表現である。このようにみると、「子」「御子」については、おおむね非皇統の場合は「子」を使用し、皇統に属する場合には多く「御子」の表現が用いられているといってよいだろう。

　このように、「子」「御子」の使用は、中・下巻の系譜においては極めて厳密であり、中・下巻の物語においては、やや規則性がゆるいもののほぼ同様である。上巻においてもその使用は同じとみてよい。かくして、「子」と「御子」とが語りにおいて相補的であることは、疑いようがない。

　以上の考察に加えて、「太子」「王子」についてもみておきたい。「太子」は中巻・下巻の系譜に八例、同物語に一〇例、上巻に二例ある。「此天皇、無㆓太子㆒」（下巻　武烈天皇）といった使用からもわかるとおり、古事記において「太子」は一貫して皇位継承者を示す表現である。天皇位そのものの存しない上巻においても、天照大御神が「太子正勝吾勝勝速日天忍穂耳命」と、地上世界の統治予定者に対して「太子」と呼びかける。その前提があるからこそ、即位しない「太子」である軽太子と、皇位に即く予定者ではなかった穴穂御子との対比はあらかさまになる。

　「王子」は中・下巻の物語のみにみられる表現である。名前に下接して敬称として使用されるものが五例（「穴穂王子」一例、「大長谷王子」四例）があるほか、一六例の使用が認められる。そもそも「王」の存在しない上巻において使用されないことは当然としても、中・下巻の系譜に一例も使用されないというのは、系譜における語りの固定を浮き彫りにする事実といえる。中・下巻の物語における「王子」の意味するところは極めてひろく、皇位に即く水歯別王を呼ぶ例があるほか、意富祁王・袁祁王のように、父親は天皇ではないが本人たちが皇位に即くものを呼ぶ例、父も本人も皇位とは関係のない目弱王を呼ぶ例がある。つまるところ、「子」あるいは「御子」のいずれをも指しうるような、皇統の血に連なるものを遍く示す表現であるといってよい。そして、そのような「太子」「王子」の使用もまた、「子」と「御子」との対応関係の周縁にある表現と考えられるのである。

注

（1）敬称・称号についての研究では、矢嶋泉（一九九三）、中野謙一（二〇〇五）等、「子」についても関連して述べているものがある。

（2）先行研究でも多く指摘されるとおり、その死が「崩」と表現されるなど、天皇に準じた表現がなされているためである。

（3）一方、孝元天皇の皇子「建波邇夜須毘古命」は、「又、娶二河内青玉之女、名波邇夜須毘売一、生御子、建波迩夜須毘古命」と、反逆を起こす人物であるが、系譜記事で「御子」とされる。

（4）なお、允恭天皇系譜では、男子のうち皇位に即く穴穂命・大長谷命には敬称「命」が付され、物語では「太子」と敬称のついた木梨之軽王には「王」が付される。下巻の系譜では、当該天皇の子のうち、皇位に即位する男子にはすべて名に「命」が下接し、そうでない男子に「命」が下接しない（川副武胤・一九六八、矢嶋・一九九三）。

引用文献

青木周平（一九八〇）「古事記神話における天神の位置」（『国学院大学日本文化研究所紀要』46　一九八〇年九月）
飯泉健司（一九九三）「三輪山伝承考―「神の子」と巫女―」（『古事記の文芸性（古事記研究大系8）』高科書店　一九九三年九月）

大脇由紀子（二〇〇二）「天神御子に成った神倭伊波礼毘古命―熊野村物語の表現のあり方―」（『中京大学上代文学論究』10　二〇〇二年三月）
川副武胤（一九六八）『古事記（日本歴史新書）』（至文堂　一九六八年六月）
楠木千尋（一九九三）「「天神御子」と〈久米歌〉」（『国語と国文学』70―4　一九九三年四月）
神野志隆光（一九八六）『古事記の世界観』（吉川弘文館　一九八六年六月）
中野謙一（二〇〇五）「『古事記』中・下巻の敬称」（『（学習院大学大学院）日本語日本文学』1　二〇〇五年三月）
朴美賢（二〇〇三）「日本書紀に見える「兒」「子」の考察」（『国語文字史の研究』7　和泉書院　二〇〇三年一一月）
毛利正守（一九九〇）「古事記に於ける「天神」と「天神御子」」（『国語国文』59―3　一九九〇年三月）
毛利正守（二〇〇二）「大物主神が関わる「神子・神御子」の意義―古事記の場合―」（『古事記・日本書紀論究』おうふう　二〇〇二年三月）
矢嶋泉（一九九三）「『古事記』の王」（『青山学院大学文学部紀要』34　一九九三年一月）

参考文献

榎本福寿（一九九九）「『古事記』がつたえる天神御子とはなにか」（『京都語文』4　一九九九年一〇月）

第二節　本牟智和気御子と品陀和気命

序

垂仁天皇の御子であるホムチワケは、母であるサホビメがその兄サホビコの反逆に荷担したときに生まれた子であり、長じてなお言葉を発しない。以上は日本書紀・古事記ともに共通したモチーフであるが、その後の展開、あるいはホムチワケの描写については様相を大きく異にする。日本書紀の場合、ホムチワケ＝誉津別命は湯河板挙に献上された鵠を弄ぶことで言葉を発する。一方、古事記の場合、ホムチワケ＝本牟智和気御子は献上された鵠を見てもものを言うことはなく、出雲大神の祟りをしずめることでようやく、言葉を発する。

これまで、このホムチワケをめぐっては、その出典についての研究、あるいは筋立ての形成についての研究などが多く行われてきた。本節では、それら先行研究に学びながらも、古事記における当該箇所の表記に着目し、語りの観点からの考察を行いたい。というのも、古事記では本牟智和気命が一貫して「御子」「大御子」と、名では呼ばれず、その称でのみ呼ばれるためである[1]。

古事記において、対象を名で呼ばず称でのみ呼ぶ例としては、各天皇条における「天皇」が挙げられる。その冒頭でまず、「御真木入日子印恵命、坐㆓師木水垣宮㆒、治㆓天下㆒也」（中巻　崇神天皇）のように、一度名が挙がる。そののち、即位した天皇が名で呼ばれることは基本的になく、会話文・地の文を問わず「天皇」と呼ばれる。

ほかには、仲哀天皇条における品陀和気命の例がある。品陀和気命もまた、系譜説明の箇所を除いては、「御子」あるいは「太子」と呼ばれ、名で呼ばれることがない。そして、各「天皇」と「本牟智和気御子」「品陀和気命」の他に、古事記において、名が明確であるにもかかわらず称でのみ呼ばれる例は存しない。

このホムチワケとホムダワケの関係については、吉井巌（一九八七）に言及がある。吉井は、逸文上宮記（釈日本紀所引）を参考として、継体天皇の始祖としてのホムチワケの物語がホムダワケ＝応神天皇へとすり替えられ、ホムチワケは垂仁天皇の皇子としての位置に置かれたと述べる。これを承けて、西條勉（一九九五）は、「応神のもとの名はおそらくホムツワケであって、のちにそれがホムダワケに書き換えられた可能性がつよい」（傍線原文ママ）と指摘する。

上宮記の記述をみてみると、

凡牟都和希王娶㆓①洷俣那加都比古女子名②弟比売③麻和加㆒、生児④若野毛二俣王。

（釈日本紀巻第十三所引　上宮記）

とあって、記・紀の応神天皇記事における、

妃①河派仲彦女②弟媛生㆓④稚野毛二派皇子㆒。

（日本書紀　巻第十応神天皇　二年）

娶㆓①咋俣長日子王之女、息長③真若中比売㆒、生御子、④若沼毛二俣王。

（古事記　中巻　応神天皇）

①（カワ／クヒ）マタナカツヒコ、②オトヒメ、③マワカ、④ワカヌケフタマタといった名が一致する。ただ、「凡牟都和希」の「都」は「ツ」の仮名として専用されるため、「凡牟都和希」をホムツワケと訓むほかなく、ホムダワケ＝応神とは一致しない。

これらの議論は、古事記・日本書紀においてホムチ（ツ）ワケ・ホムダワケと訓みうる表記をひとつの根拠と

し、また上宮記の記載を参考として、応神天皇（ホムダワケ）のもっている継体天皇の始祖ともいうべき性格を、古事記および日本書紀において垂仁天皇の皇子としてあるホムチワケがもっていたと考えるものである。しかし一方で、むしろ二人の御子をひとつにしてしまったのが上宮記である、とみることも可能ではないのか。(2)

つまり、古事記・日本書紀以前の資料においてもホムチワケ・ホムダワケには関係がなく、上宮記において音の類似性が両者をひきつけてしまった、とする考え方である。論者がこの立場に与するわけではない。ただ、以上の仮説を否定することができないとすれば、根底に反証の可能性を含む議論に結論を得ることは難しいのではないか、と考えるのである。

そのため、本節では、古事記における本牟智和気御子と品陀和気命とについて、両者が称でのみ呼ばれることについての考察は行うが、それらが古事記の原資料でどのような関係にあったかは論じない。あくまで、作品内部における語りの論理構造を考えることとしたい。

ここで考えるべきであるのは、古事記中で両者が一貫して称で呼ばれることと同時に、称でしか呼ばれないこと、すなわち、名で呼ばれないことの意味であろう。それは、古事記の語りという問題意識の一部をなすものである。

本節においては、以上のごとく状況を確認した上で、名と称との扱われ方を考察し、二人の「御子」、本牟智和気御子と品陀和気命とについて考えることで、古事記の語りの一端を明らかにすることを目指したい。

一　古事記の「御子」

古事記における「御子」の用例を概観することからはじめたい。「御子」の総数は一九九例、うち、

此天皇、娶二沙本毘古命之妹、佐波遅売命一、生御子、品牟都和気命。　（中巻　垂仁天皇　系譜）

のように、系譜で使用されるものが一一四例、物語で使用されるものが八五例である。物語での例のうち、その使用の少ないものから挙げると、以下のようになる。なお、「天神御子」のように複合語の例も含む。

宇遅能和紀郎子…一例　五瀬命…一例　市辺之押歯王…一例　（少名毘古那神）…一例　大碓命…一例　大雀命…一例　伊須気余理比売…三例　帯中津日子命他…二例　（鵜葺草葺不合命…三例）　（火遠理命…三例）　穴穂命…五例　小碓命…五例　（邇々芸命…七例）　（忍穂耳命…八例）　品陀和気命…九例　神倭伊波礼毘古命…一三例　本牟智和気御子…二〇例

※上巻の例は括弧に入れた。また、中・下巻の使用で、天皇に即位しなかった「御子」には傍線を付した。

古事記全体を通しての「御子」の使用については前節でも述べたが、系譜部もふくめた「御子」の使用傾向をまとめると、以下のとおりである。

(1)中・下巻の系譜における「御子」は父親が天皇であるか、子が天皇位に即いたときにのみ使用される。

(2)中・下巻の物語における「御子」は原則として、父親が天皇で、かつ対象が天皇位に即くものに使用される。

(3)上巻における「御子」は、親・対象ともに、皇統に直結する神についての表現である。ただし、一例のみ異例が存する。

右に挙げた使用例のうち、天皇の系譜に属さないのは、上巻の少名毘古那神を指す「神産巣日神之御子」と、中巻の伊須気余理比売の「神御子」のみである。神野志隆光（一九八六）が指摘するとおり、神産巣日神は高御産巣日神と並び、古事記において、そのコスモロジーを構成する極のひとつである。なおここでは、「神産巣日御祖神」と表記されていることにも注意が必要である。古事記において、神産巣日神に「御祖」の語が付加されるのは、この少名毘古那神との関係においてのみである。御子神である少名毘古那神は、神産巣日御祖神のコトヨサシをうけ、大国主神とともにクニヅクリを行う神である。作られたクニは、やがて天皇統治の「天下」へとつながるもので、ここにおいて「御子」と表現されているのも、由なしとしない。

伊須気余理比売について毛利正守（二〇〇二）は、その子が天皇位に即くことから伊須気余理比売は「御子」と呼ばれる、と指摘する。とすれば、物語中の使用例ではあるものの、右に示した(1)に近い用法といえる。

このように、古事記における「御子」には、天皇の「御子」であるか、あるいは皇統に対置しうる存在、皇統につながりゆく存在にのみ使用されている状況を看取できる。

その使用をみると、「自レ今以後、応レ称二倭建御子一」（中巻　景行天皇）のように敬称として使用されるもの、「遣二其御子大碓命一以喚上」（中巻　景行天皇）のように名と併記されるもの、「爾、建内宿禰命、為二御子一答歌曰」（中巻　仲哀天皇）のように「御子」のみで三人称として使用されるものに分けられる。そして、「御子」と呼ばれる対象は、皇統あるいは皇統に対応しうるものの範疇に収まる。以下、称として使用される「御子」と対象の名の関係について考えることとしたい。

二　名と称

ある対象を示すとき、その名が明白でなければ、当然のことながらそれを名で呼ぶことはできない。名が明らかになって初めて、対象をその名で呼ぶことになる。また、名が明らかであっても、なんらかの契機にその名が変われば、以降は変わった名で呼ばれることになる。まずは、名が付けられることとその意味について考えたい。

伊耶那岐命、告二桃子一、汝、如レ助レ吾、於二葦原中国一所レ有宇都志伎青人草之、落二苦瀬一而患惚時、可レ助、告、賜レ名号二意富加牟豆美命一。（上巻　黄泉の国）

自らの窮地を助けた桃に対し、伊耶那岐命は葦原中国の人間を救うように命じ、「意富加牟豆美命」の名を与える。ここにおいて、桃に対する神性の付与が名を与えることと連動していることを見逃すべきではないだろう。続く場面で追手である伊耶那美命をせき止め、黄泉国自体を封印する千引石に「道反大神」また「塞坐黄泉戸大神」の名が付けられることも同様である。

以下は、名が変化する例である。

於是、白言、汝命者、誰。爾、詔、吾者、坐二纏向之日代宮一所レ知二大八嶋国一、大帯日子淤斯呂和気天皇之御子、名、倭男具那王者也。（中略）爾、其熊曾建白、（中略）吾、献二御名一。自レ今以後、応レ称二倭建御子一、是事白訖、即如二熟瓜一振析而、殺也。故、自二其時一称二御名一、謂二倭建命一。（中巻　景行天皇）

小碓命は熊曾建に正体を問われ、自分は景行天皇の御子であり、名は「倭男具那王」である、とこたえた。熊曾建は小碓命に「倭建御子」の名を奉る。以下、表記として「小碓命」「倭男具那王」は現れず、「倭建命」が専用される。よく知られたこの場面は、古事記における名の在りようをよくあらわしている。皇子がその勇によって名を変え、英雄としての役割を果たす。命名の契機と付けられた名は、その役割を保証するものである。

また、同一対象について名の変化する例は少ないものの、一つの対象について複数の名のあることを示す例は多い。たとえば、次の例では、同一の神が「高比売」と「下光比売（下照比売）」と、二つの名をもっていることが示されている。

故、此大国主神、娶下坐二胸形奥津宮一神、多紀理毘売命上、生子、阿遅鉏高日子根神。次妹高比売命。亦名、下光比売命。　（上巻　大国主神の系譜）

この高比売命／下光比売命は、左に示すとおり、明白な使い分けがある。

於是、天若日子、降二到其国一、即娶二大国主神之女、下照比売一、亦、慮レ獲二其国一、至二于八年一不二復奏一。　（上巻　天若日子の派遣）

故、天若日子之妻、下照比売之哭声、与レ風響到レ天。　（右同）

故、阿治志貴高日子根神者、忿而飛去之時、其伊呂妹高比売命、思レ顕二其御名一。　（右同）

天若日子の妻としては、「下照比売命」、阿治志貴高日子根（阿遅鉏高日子根）神の妹としては「高比売命」と、名が使い分けられている。それぞれに「娶」「妻」、あるいは「イロモ」といった語が併用されていることにも注意する必要があるだろう。このように、二種の名に与えられた役割と連動する性質を看取することが可能である。あるいは、次の大国主神のように、多数の名が使用される場合がある。

此神、娶二刺国大上神之女、名刺国若比売一、生子、大国主神。亦名、謂二大穴牟遅神一【牟遅二字以音】、亦名、謂二葦原色許男神一【色許二字以音】、亦名、謂二八千矛神一、亦名、謂二宇都志国玉神一【宇都志三字以音】、并

有五名。　（上巻　大国主神）

大国主神は、その物語の冒頭こそ「大国主神」と記されるが、物語では「大穴牟遅神」を起点とする。

故、此大国主神之兄弟、八十神坐。然、皆、国者、避二於大国主神一。（中略）於二大穴牟遅神一負レ袋、為二従者一率往。

以下、「大穴牟遅神」が根之堅州国へと赴き、「大神」（須佐之男命）と会ったとき、「葦原色許男命」と呼ばれる。

爾、其大神、出見而告、此者、謂二之葦原色許男命一

さらに、根之堅州国から葦原中国へと逃げる際、「大国主神」「宇都志国玉神」となることを命じられる。

意礼為二大国主神一、亦為二宇都志国玉神一而、其我之女須世理毘売為二適妻一而、於二宇迦能山之山本一、於二底津石根一宮柱布刀斯理、於二高天原一氷椽多迦斯理而居。

その後、高志国の沼河比売に求婚する際は、「八千矛神」と表記される。

此八千矛神、将レ婚二高志国之沼河比売一幸行之時、

以上のように、「大国主神」を中心にしつつ、場面によってその名が使い分けられるのである。

名のみの使い分けではなく、称と併用して使い分けをし、その位置づけを示すことがある。古事記中巻の応神天皇条、「天之日矛」についての物語は、天之日矛が妻を追って日本へと渡来し、多遅摩国に入って多遅麻毛理、また息長帯日売命の祖となることについて述べるものである。以下、少々煩瑣ながら、全体の使い分けをみる必要があるため、当該の物語全体を示す。

又、昔、有二（A）新羅国王之子一。名、謂二（B）天之日矛一。是人、参渡来也。所二以参渡来一者、新羅国有二一沼一。名、謂二阿具奴摩一。此沼之辺、一賤女、昼寝。於是、日耀、如レ虹、指二其陰上一。亦、一有二賤夫一。

思レ異二其状一、恒伺二其女人之行一。

故、是女人、自二其昼寝時一、妊身、生二赤玉一。爾、其所レ伺賤夫、乞二取其玉一、恒裹着レ腰。此人、営二田於山谷之間一。故、耕人等之飲食、負二一牛一而、入二山谷之中一、遇二逢其（A）国主之子、（B）天之日矛一。爾、問二其人一曰、何汝飲食負レ牛入二山谷一。汝、必殺二食是牛一、即捕二其人一、将レ入二獄囚一。其人答曰、吾、非レ殺レ牛。唯送二田人之食一耳。然猶不レ赦。爾、解二其腰之玉一、幣二其（A）国主之子一。

故、赦二其賤夫一、将二来其玉一、置二於床辺一、即化二美麗嬢子一。仍婚、為二嫡妻一。爾、其嬢子、常設二種種之珍味一、恒食二其夫一。故、其（A）国主之子、心奢詈レ妻、其女人言、凡、吾者、非下応レ為二汝妻一之女上。将レ行吾祖之国一、即窃乗二小船一、逃遁度来、留二于難波一。【此者、坐二難波之比売碁曾社一、謂二阿加流比売神一者也】。

於是、（B）天之日矛、聞二其妻遁一、乃追渡来、将レ到二難波一之間、其渡之神、塞以不レ入。故、更還、泊二多遅摩国一。即、留二其国一而、娶二多遅摩之俣尾之女、名前津見一、生子、多遅摩母呂須玖。此之子、多遅摩斐泥。此之子、多遅摩比那良岐。此之子、多遅麻毛理。次多遅摩比多訶。次清日子【三柱】。此清日子、娶二当摩之咩斐一、生子、酢鹿之諸男。次妹菅竈由良度美。故、上云多遅摩比多訶、娶二其姪、由良度美一、生子、葛城之高額比売命。【此者息長帯比売命之御祖】。故、其（B）天之日矛持渡来物者、玉津宝云而、珠二貫。又振レ浪比礼・切レ浪比礼・振レ風比礼・切レ風比礼。又奥津鏡・辺津鏡、幷八種也。【此者伊豆志之八前大神也】。

語り始めに「又、昔、有二（A）新羅国王之子一。名、謂二（B）天之日矛一。」と、A（国［王／主］之子・称）とB（天之日矛・名）が併記され、物語の端緒でも同様に併記されるが、新羅国を舞台とする場面ではAが、女を追って日本へと来たのちはBが用いられる。日本において「国［王／主］之子」という表現が成り立ちえないのは確かであるが、「新羅国［王／主］之子」と、称で表現することが可能ではあったはずであり、また一貫して名のみで表現することもできた。舞台の転換と称（A）から名（B）への変化とは軌を一にするものと考えるのが妥当であろう。この変化によって、新羅国の王子が新羅を離れることで、その性質を喪失することが読み取れる。(3)

このように、名と称は並行的な使用がなされており、しかも、一定の状況下において使い分けがなされる。

三　本牟智和気御子と品陀和気命

たとえば、「妹」という語があれば、それに対する「兄」「夫」「君」といった語が、「子」に対しては「親」「父」「母」といった語が想起されるだろう。称の機能のひとつとして、それに対するある関係を同時に示すことが挙げられる。いわば相対性を帯びた用法である。また、「天皇」「大臣」のように、称が職能そのものを提示することがある。それらの用法には、対象の在りようの措定される契機が自ずから包摂されている。任意の存在を提示するときに称を用いるのは、その存在と関連する別の存在を同時に示すためであるか、またあり方そのものを提示するためといえる。一方、名はその存在を絶対的に示すもので、称のもつ相対性や機能性とはその質を大きく異にする。

とすれば、本牟智和気御子・品陀和気命を呼ぶとき、その名を使用せず、称のみを使うのは、まずその相対性あるいは職能を示すことに意味がある、と考えてよいだろう。「御子」が基本的に天皇の子を示すものとして使用されることは先にみたとおりである。だが、この二人の「御子」は、ただ天皇の子であることをのみ示しているとは考えがたい。というのも、両者ともに、出生に関わる描写―それは母親との関係を語ることにほかならない―、及びその名にかかわる物語を持つためである。

本牟智和気御子は、母である沙本毘売命が兄である沙本毘古命の許に奔った後に生まれた子で、つまり、反逆者の子である。しかしながら、沙本毘売命が垂仁天皇に「若此御子矣、天皇之御子所レ思看者、可二治賜一」とその真意を確かめ、天皇自身も「取二其御子一之時、乃掠二取其母王一」と、御子を自分の手におさめることを前提として発言している。本牟智和気御子は天皇自身によって御子と認められたことになる。

御子が天皇の手におさめられた後、天皇は「凡子名、必母名、何称二是子之御名一」と、御子の名について沙本毘売命に尋ねる。それに応え、沙本毘売命は「今、当下火焼二稲城一之時上而、火中所レ生故、其御名、宜レ称二本牟智和気御子一」と名付ける。「ホムチワケ」は諸注の指摘するように、火あるいは穂のホに貴さを示すムチが下接し、さらに男子の名の接尾辞であるワケが付されたものであろう。この命名の場面ののち、稲城の焼かれる様は描写されないのであるが、沙本毘売命は兄に殉じて死を選ぶこととなる。そして本牟智和気御子は、皇統に属しながら、同時にそれに背いたものの血を受けるという二律背反を宿し、出雲大神の祟りを一身にうける。

こうして本牟智和気御子は、名付けの場面がありながらも、ついにその名で呼ばれることは一度もなく、地の文・会話文を問わず「（大）御子」と呼ばれ続ける。

品陀和気命の場合、父である仲哀天皇は神意に背き、その祟りとも考えられうる状況で崩御する。そして、母である息長帯日売命が品陀和気命を宿しているときに、「凡、此国者、坐二汝命御腹一之御子所レ知国者也」と、大神による国土支配の保証をうける。一方、息長帯日売命自身も「坐二其神腹一之御子、何子歟」と、「御子」が神の子であることを前提として発言している。[4] そして、息長帯日売命の御腹にあって、品陀和気命は新羅の征討と反逆者の追討を行うのである。

仲哀天皇条をなお詳しくみれば、息長帯日売命についてその主語が明示されることは少ない。仲哀天皇の崩御の後、「息長帯日売命」が一例、「御祖息長帯日売命」が一例のみである。仲哀天皇条で息長帯日売命を示す表現全体を見ても、そのほかに「息長帯日売命」が一例、「御祖」が一例である。殊に、新羅征討の場面ではその主語の記されることが皆無で、これは新羅国王が「随二天皇命一」と発言していることとあわせれば、意図的に息長帯日売命を主語とせずに征討が行われているのだと考えられる。つまり、行為の主体はむしろ天皇位を約束された存在、品陀和気命であって、それによって行われるべきことがらを息長帯日売命は代行しているに過ぎない。日本書紀が神功皇后のみで一巻を立てるのとは対照的である。

また、品陀和気命については、その名にかかわる記述が二つあることにも注意される。ひとつは系譜説明部でのもので、

次、大鞆和気命、亦名、品陀和気命。此太子之御名所三以負二大鞆和気命一者、初、所レ生時、如レ鞆完、生二御腕一。故、著二其御名一。

と、名「大鞆和気」についてのものである。

いま一つは伊奢沙和気大神との名易えにかかわる物語である。

故、建内宿禰命、率二其太子一、為レ将レ禊而、経二歴淡海及若狭国一之時、於二高志前之角鹿一造二仮宮一而、坐。爾、坐二其地一伊奢沙和気大神之命、見二於夜夢一云、以二吾名一、欲レ易二御子之御名一。爾、言禱白之、恐。随レ命易奉。亦、其神詔、明日之旦、応レ幸二於浜一。献二易レ名之幣一。故、其旦幸二行于浜一之時、毀レ鼻入鹿魚、既依二一浦一。於是、御子、令レ白二于神一云、於レ我給二御食之魚一。故、亦、称二其御名一号二御食津大神一。故、於レ今謂二気比大神一也。亦、其入鹿魚之鼻血、臰。故、号二其浦一謂二血浦一。今謂二都奴賀一也。

伊奢沙和気大神が「以二吾名一、欲レ易二御子之御名一」と夢に述べ、太子側がそれに応える、というものであるのだ

が、変わった名については全く述べられない。系譜説明部にある二つの名、大鞆和気と品陀和気が易えられたとも考えられるが、その場合、大神の名が品陀和気でなければならない。とすれば、大鞆和気あるいは品陀和気が伊奢沙和気となったとみるのが適当であろう。しかし、そうであったとしても名はやはり現れない。このように不審の残る場面ではあるが、品陀和気命を名で呼ばず称でのみ呼ぶ、という設定に鑑みれば、むしろ変わった名を示さないことに意味がある、とも考えられる。ここでは、名の交換という行為自体に意味があるとみてよいだろう。遠山一郎（一九九九）は、

　イザサワケとホムダワケとの名変えは、ホムダワケをこの神に近い存在にさせる。ホムダワケが、「腹中」にあったときに神にかかわるだけではなく、うまれたのちにも神にかかわることを、名変えの条は、受けて に知らせる（後略）

と述べる。名易えによって品陀和気命を神聖なるものに近づけつつ、一方では名を示さないことを一貫する。この条の不審は、以上のように理解されるのではないか。

　このように、両者ともその名にかかわる記述があるにもかかわらず、徹底して「御子」として称で呼ばれ続ける。古事記のなかでは通常、たとえば小碓命・倭男具那王が倭建命となるように、名の新たに付けられる契機があれば、それ以降はその名で呼ばれる。また、その契機自体が当該の存在の価値を高からしめるものとしてある。つまり、本牟智和気御子と品陀和気命は、名の与えられる機会がありながら、それを捨象させられている。そこには、名の付与よりも強い規制があるとみてよい。さらに、両者とも同じく皇統に属しながら、一方は天皇位につかず、一方は出生以前より「国」の統治者として扱われることもまた、同時に問題となるだろう。

先に確認したとおり、称には任意の対象の在りようを措定する働きがある。この「御子」という称の場合、古

事記におけるその用法から、皇統に属す正統性を前提としている。また、「子」である以上、その親との関係を提示している。むろん、父親＝天皇のみならず、母親の存在も示しているとみるべきであろう。これは、「大御子」も同様である。

また、本牟智和気御子を指す「御子」をみると、上に修飾表現をもつものが一例、文脈指示（「其」「是」）の語をもつものが一三例、現場指示（「此」）の語をもつものが一例、単独使用が四例である（なお、敬称として使用されているもの一例と系譜中で使用されているものは除いた）。留意されるのは、本牟智和気御子の「真事登波受」について述べる箇所で、「御子」の上に「此」が置かれており、ここが本牟智和気御子の造形について重要な転点であるといえる。すなわち、これ以前の「其御子」は反逆者の母の「御子」であり、この後の「其御子」はそれに加えて物云わぬ「御子」を示す、と考えられる。

品陀和気命を指す「御子」の場合、文脈指示（「其」）の上接するものが二例、上に修飾語句のあるものが三例、単独で使用されるものが四例である。「其御子」は御子の誕生の場面で使用される表現で、これ以前に「御子」についての表現があるのは息長帯日売命に対する大神の神託の場面であるから、「其」の示すのは、「神腹之御子」としての品陀和気命と考えられる。以降、「御子」はすべて修飾語句の上接しない単独語形で使用される。

本牟智和気御子と品陀和気命の親を比べたとき、本牟智和気御子の母である沙本毘売は夫であり天皇である垂仁天皇に背き、反逆者である兄に殉じる。本牟智和気御子が皇位に即けないのは、その母の存在が濃い影を落としている。

一方、品陀和気命の場合、父である仲哀天皇が神意に背き、結果として命を落とすのであるが、母である息長帯日売命は御子＝天皇の代行者として新羅東征を行う。このとき、品陀和気命は「神腹之御子」として天照大御神と墨江之三前大神とによる予祝を受ける。

とすれば、同じく「御子」と呼ばれる存在であっても、本牟智和気御子の場合はその母の存在を示すことが皇位に即けないことの暗示であり、品陀和気命の場合は神意の後押しを受け、母に代行されながら皇位への軌道を着実にたどることが語られている。

結

同じく名で呼ばれず、称でのみ呼ばれる本牟智和気御子と品陀和気命とを比べてみたとき、母親とのつながりが物語全体においてきわめて重要な意味をもつ。その母親は、一方は反逆者に殉じ、もう一方は新羅平定のために働く。

前者、すなわち本牟智和気御子が天皇の「御子」でありながら即位できないのは、むろん、母親に因を発する。ただ、天皇の子として、出雲大神の祟りを受けながらもその災難を克服する。「御子」には反逆者としての母をもつことが常に示されていることと、皇統に属するものとして試練に打ち勝つこととが含意されている。

後者、品陀和気命は、神意によって落命した父の代わりに、息長帯日売命の胎中にあって新羅国の平定を果たす。これは天照大神および住吉三神の保証を得たものである。そして、生まれて後は、その存在を示すとき、御子と太子とが併用される。さらに、伊奢沙和気大神との名易えにより、その存在は神に近づく。

このようにみれば、両者ともに「御子」と称で呼ばれ続けているものの、その意味は大きく異なる。本牟智和気御子の場合、名付けの契機がありながらその名で呼ばれないのは、その母親を暗示するとともに、その契機自体を否定するためであろう。つまり、名付けによる力の付与自体を捨象するのである。

品陀和気命の場合、息長帯日売命の胎内にあっては、いまだその姿のないために「御子」と呼ばれざるをえないとしても、生まれた後までも名で呼ばれないのは不審とも感じられる。しかし、皇統に属することを前提とし、かつ息長帯日売命・天照大神・墨江之三前大神らの「御子」として、天皇への道を歩む。これについては、遠山一郎（一九九九）にも指摘される、神倭伊波礼毘古命との親近性を考慮にいれるべきであろう。古事記中巻の冒頭、「神倭伊波礼毘古命」は、高千穂宮で五瀬命と語らって天下の政を執る場所を求めて東へと旅立つ。しかし、登美能那賀須泥毘古に妨げられ、紀国から北上することになる。そして、熊野で土地神の化身とも考えられる熊によって気を失わされるのであるが、高倉下に横刀の献上を受ける場面からは「天神御子」[5]と呼ばれることになる。そして即位してのちは一貫して「天皇」と呼ばれる。「天神御子」については、毛利正守（一九九〇）が夙に指摘するとおり、「御子であって〝天神〟」としての表現である。かつ、天皇に即位する過渡期の表現であることに注意される。「御子」と称でのみ呼ばれ、名で呼ばれないのは、成長の過程を描く表現であると考えられるのである。このように、称でのみ呼ばれることは同じでも、本牟智和気御子と品陀和気命では、その意味はまったく別である。それは、語りにおいて実現される両者の差異化である。

以上、本牟智和気御子と品陀和気命について、古事記における名と称の在りようについて、語りの観点から考察を行った。

注

（1）日本書紀においてホムチワケは、「誉津別命」「誉津別王」のほか「皇子」と、多様な呼ばれ方をする。また、古事記の本牟智和気御子についての称が「御子」と一貫されていることについては、松本弘毅（二〇〇五）に指摘がある。

（2）矢嶋泉（一九九七）は「「上宮記曰一云」に於いて、凡牟都和希王は応神と認められていることはほぼ疑いないが、それは資料の次元ではなく編者再編の次元に於いてであったと捉えるべきであろう」（傍点原文ママ）という。

（3）この変化については村上桃子（二〇〇六）で指摘されている。また、村上（二〇〇九）は、この天之日矛について詳説している。

（4）息長帯日売命が自身に神を依り付かせた状況で発言をしているため、「神腹」となる。

（5）高倉下の夢の中では、天照大御神が「我之御子」と神倭伊波礼毘古命を呼ぶ。天照大御神自身が「天神」であるので、この表現は「天神之御子」に準じるものと考えてよい。

引用文献

神野志隆光（一九八六）『古事記の世界観』（吉川弘文館　一九八六年六月）
西條勉（一九九五）「ホムチワケの不幸と反神話―テクストから消去される皇子の物語―」（『国文学論輯』16　一九九五年三月）
遠山一郎（一九九九）「ホムダワケの造形」（『古事記・日本書紀論究』群書　一九九九年七月）
松本弘毅（二〇〇五）「本牟智和気御子と垂仁記」（『早稲田大学大学院文学研究科紀要（第3分冊）』30　二〇〇五年二月）
村上桃子（二〇〇六）「古事記中巻応神天皇条　天之日矛（講読）」（古事記学会関西例会資料　二〇〇六年三月　於大阪市立大学）
村上桃子（二〇〇九）「天之日矛譚―『古事記』下巻への神話として―」（『萬葉』203　二〇〇九年一月）
毛利正守（一九九〇）「古事記に於ける「天神」と「天神御子」」（『国語国文』59―3　一九九〇年三月）
毛利正守（二〇〇二）「大物主神が関わる「神子・神御子」の意義―古事記の場合―」（『古事記・日本書紀論究』お

うふう　二〇〇二年三月）
矢嶋泉（一九九七）「『上宮記』逸文所引「一云」の資料性」（『青山学院大学文学部紀要』38　一九九七年一月）
吉井巌（一九八七）「ホムツワケ王」（『天皇の系譜と神話（二）』塙書房　一九八七年六月）

参考文献

瀬間正之（一九九四）『記紀の文字表現と漢訳仏典』（おうふう　一九九四年一〇月）
多田元（一九九二）「「王」像からみた古事記―本牟智和気王伝を視座として―」（『記紀万葉の新研究』桜楓社　一九九二年一二月）
毛利正守（一九六九）「古事記の指示語について」（『高原先生喜寿記念皇学論集』皇學館大学出版部　一九六九年一〇月）

補論1　「黄泉比良坂」追考

序

すでに、第一章第二節「黄泉比良坂と伊賦夜坂」において、古事記における黄泉比良坂と伊賦夜坂との関係について、「今」を手がかりとして語りの観点からその在りようを述べた。ただし、そこでは「境界としての黄泉比良坂を論じない」ことを前提として立論を行った。本節では、そこでの結論を承けたうえで、葦原中国と黄泉国の境界としての黄泉比良坂を考察するものである。

近年も勝俣隆（二〇〇六）および橋本利光（二〇〇六）、あるいは岡田裕香（二〇〇八）等、黄泉比良坂の在りよう、あるいは黄泉国、古事記の世界観を問う論文が継続的に著されることは、それらにいまだ多く論じるべきところのあることを示している。とはいえ、先行研究において志向される方向は一括されるものではなく、また、論者の目指すものとも、必ずしも同じではない。

まずは第一章第二節において述べたことがらのうち、境界をめぐる議論と関連するところを確認しておきたい。

第一に、黄泉国の領域に属する「黄泉比良坂」が葦原中国に属する「伊賦夜坂」へと変容することの意味について言及しておく。そもそも両者は個別的で連結するところをみいだしにくいものではあるが、それが物語として「今」としての語りにおいて引きつながれるところに意味を認めることが可能である。物語の終端として、「黄泉比良坂」と呼ばれた場所が「伊賦夜坂」として連続していくかたちであることを求めねばならない。

第二に、右と関連して、「黄泉比良坂」が「伊賦夜坂」へと変容することが、境界そのものの変容としてあることをみておきたい。それは、黄泉国から帰還する伊耶那岐命が最後に千引石を引き塞ぐことによって起きたものであり、葦原中国と黄泉国との境界は、黄泉比良坂から千引石（塞坐黄泉戸大神）へと変化する。「今」においてその坂を「伊賦夜坂」と呼ぶことに、境界の変化が担保される。さらに、石の名に「黄泉戸」、すなわちそれ自体に黄泉国を塞ぐものとしてあることを明示することばが含まれていることも同様である[1]。

このように、論者が先に導いた結論のうち、黄泉比良坂と境界の議論とにかかわる部分をまとめた上で、先行研究における指摘を確認する。とはいえ、古事記における黄泉国に関する議論は多岐にわたるため、黄泉国および境界としての黄泉比良坂にかかわることについてのみ、考察する。

まずは、その方法的観点からの検証をしておく。これを最初にするのは論者の立脚点を明示するためである。黄泉比良坂に限定したもののみならず、古事記にかかわる議論を行うとき、その方法は大別して成立論的研究か作品論的研究かに分類される。もちろん、前者を批判的に発展させたものとして西條勉（二〇〇五）に代表されるような生成論の立場もあるが、それが作品論と対置的であることから、本書では成立論のひとつとみることとしたい。

端的にいえば、それは「記紀を論じるか、記紀で論じるか」（青木周平・一九九二、傍点ママ）ということになるだろう。作品を個別要素に分解し、いわゆる「記紀神話」へと再構築し、そしてまたその「記紀神話」から古事記・日本書紀などへの変容を論じるのは、成立論におけるひとつの典型である。一方、古事記を独立した作品として認め、作品の内部で生態的にその在りようを捉えるものが作品論である。序章にも述べたとおり、論者も、基本的にはこの作品論の立場に則って論を進める。というのも、たとえば古事記の「黄泉比良坂」と日本書紀における「泉津平坂」（巻第一神代上　第五段一書第六）や延喜式の「与美津枚坂」（巻八　祝詞鎮火祭）、出雲国風土記の「黄泉坂」（出雲郡　宇賀郷）等を直接し、「古代におけるヨモツヒラサカ」を抽出し、それを古事記の黄泉比良坂に返してしまっては循環論のそしりを免れえまい。ただし、現在の作品論的研究をのりこえるものとして、物語論の方法を採る。論者が目指すのは、古事記の文脈において黄泉比良坂がいかに扱われているかについての考察である。

このように方法を定めたところで、問題として立ち現れるのは、黄泉国を含む古事記の世界観と黄泉比良坂自体との、それぞれのあり方である。先に第一章第二節でも確認したが、古事記という作品の内的問題として黄泉比良坂が焦点化されるのは、それが葦原中国と黄泉国および葦原中国と根之堅州国との境界として現れるからで、また黄泉比良坂を考えることは葦原中国と異界との関係を考えることになる、という相互補完の関係性のうちにその解答を求めざるをえないためである。

世界観をめぐる論議においては、西郷信綱（西郷・一九六七等）によって構造化された〈高天原―葦原中国―黄泉国〉を一系の軸のうちに捉える一元・三層論があり、その後、それを批判して神野志隆光（神野志・一九八六等）が、アメとクニとの対応である〈高天原＝アメ―葦原中国＝クニ〉とクニの次元である〈葦原中国―異界〉とを別の軸として把捉した二元論があり、その後の論議はおおむね、いずれかの論の範疇もしくは影響下にあるといえる。

また、問題を葦原中国と黄泉国との関係に限定すると、葦原中国が地上世界であるのに対して黄泉国が地下世界としてある、とする考え方が一方にあり、他方、二つの世界が同じ地平にありながら、黄泉国はむしろ葦原中国よりも高いところ、たとえば山上に位置する、という考え方が存する。

さらに世界観という観点とは別に、「黄泉」に焦点を絞ると、それは「ヨミ／ヨモ」という倭語と「黄泉」という漢語とが交差するものであり、そこにいかなる意味をみいだすか、という議論が生じる。

黄泉比良坂に目を移すと、その形状あるいは「ヒラ」の語の意味するところを問う議論が行われている。

かくのごとく論点はあまりに多いのであるが、まず世界観と「黄泉」についての論考を行った上で黄泉比良坂の問題へと踏み込んでいくこととしたい。

一 「黄泉」

実のところ、古事記において異界を意味する語としての「ヨミ」は明示されていない。あるのは「黄泉」か、さもなくば、「ヨミ」の被覆形である「ヨモ」であり、その「ヨモ」も「予母都志許売《ヨモツシコメ》」以外にはない。倭語「ヨミ」は、「ヨモツシコメ」を通じて「黄泉」において形態類推的にのみ前景化されるのである。この点、西條勉（一九九七）における、「ヨモ（ヨミ）が「黄泉」で表記されると、和語の原義は隠されてしまい、むしろ、漢語の字義の方が表面に押し出される」との指摘は当を得たものである。「黄泉」は訓読すれば「ヨミ」であろうが、そこに倭語としての「ヨミ」を、ましてその原義を積極的に読み取ることは難しい。となれば、漢語「黄泉」の語義を問わざるをえない。

中村啓信（一九九四）は漢籍における「黄泉」の検討から、「漢語「黄泉」の観念は紛れもなく地下界のものである」とし、「その普遍に反する観念が、『古事記』にだけ特別持ち込まれたとするのは、無理があり過ぎる」

と論断した。漢籍における「黄泉」の例としては、中村（一九九四）の指摘以外にも、「大王萬歳千秋之後、願得下以レ身試二黄泉一蓐中螻蟻下」（戦国策　巻十四　楚一）のような例がある。これは、安陵君が楚王に述べたことばの一部であり、江乙の「願君必請二従レ死、以レ身為一レ殉」という助言を受けたものである。ここでは「地下」が明示されているわけではないが、「死」と直接された「黄泉」の在りようを伺うことができる。その他、「黄泉」を地下の世界、あるいは死の世界とみるものは、漢籍において枚挙にいとまがない。

また、古代の日本において「黄泉」が死の世界として認識されていた状況は、たとえば懐風藻に収められる大津皇子の詩（「臨終」）「泉路無二賓主一」に伺うことができる。辞世の詩に用いられた「泉路」は「黄泉」への「路」であり、「黄泉」の概念が背景にないと成立しえない表現と考えられる。(2) これらの表現は、初唐の喬知之「哭故人」に「平生不レ得レ意　泉路復何如」があるなど、唐詩等にも例が多い。また、「泉門」（万葉集　巻五・七九三左注）、「泉下之客」（万葉集　巻五・悲歎俗道仮合即離易去難留詩）等、「泉路」同様の語構成をとるものが古代の文献にみられる。このように、「泉〜」の語が「黄泉」の類推を前提とするかたちで敷衍している状況を思えば、やはり漢語としての「黄泉」を古事記という作品において特殊なものとみることは難しい。ただしこの場合、漢語「黄泉」の観念がすべて、古事記に反映されていると考えるのではない。古事記の物語に沿っていかにそれが利用されているか、と論じるべきである。

翻って古事記における「黄泉」の在り方をみれば、神野志（一九八六）に述べられるとおり、「「葦原中国」をあらわしだすことにおいて意味をもつ」ことを念頭におくべきであろう。すなわち、〈クニ〉のなかで未分化であったものが「葦原中国」と「黄泉国」との相対においてたちあらわれてくる、ということである。そうしたなかで、漢語の例として多くある「黄泉」ではなく「黄泉国」としてそれが示されることに留意しておきたい。漢語を利用しながら、そこに「国」であることを明示することで、「黄泉」は初めて古事記において内化する。

二　黄泉比良坂

「黄泉比良坂」については、語義の問題として、「比良」の解釈と「坂」の解釈を巡って議論が主に行われてきた。近くは、吉野政治（一九九九）および姜鍾植（二〇〇〇A）等がそれらの問題を正面から取り上げている。問題点を概観すると、「比良」については、

①近江のヒラ坂や「そばひら」などの用例から、「傾斜地」と解するもの
（益田勝実・一九八四、吉野政治・一九九九等）

②日本書紀の「黄泉平坂」（巻第一神代上　第五段一書第六）等の用例から、「なだらか」の意と解するもの
（『古事記伝』等）

③ヒラをヘリ（縁・淵）の交替形とみるもの
（鑑賞日本古典文学『古事記』等）

と、その議論をまとめることが可能であろう。このうち、①と②は対立的であるが、③は別の観点であるので、「比良」に限定すれば、①と③あるいは②と③が並立する可能性がある。

一方、「坂」については、

④サク（割く・裂く）等に通じ、「境界」あるいは「分け隔てる」の意と解するもの
（吉野・一九九九、烏谷知子・二〇〇七）

⑤古事記における「坂」の用例から、「傾斜地」と解するもの
（姜・二〇〇〇A等）

としてまとめられる。④と⑤も対立するものではないから、並立することが可能であろう。ただし、吉野（一九九九）のように、①説を採るために⑤説を排除し、①・④説を示すものもある。

「比良」については、古事記においてはたしかに、日本書紀の「平坂」あるいは延喜式祝詞の「枚坂」のように訓字ではなく、仮名で表記されている。しかし、だからといって直ちに「比良」の語義が「急峻」の意であって「なだらか」の意でない、とはいえない。皿状の楽器である金鼓に付された和訓「金鼓【和名比良加禰】」（元和古活字本倭名類聚抄）に伺えるように、ヒラという音のなかに、「なだらか」の意が含まれるためである。また、ヘリ・ヘラの交替形として語源を想定することも可能である。諸説が現在に至るまで決着をみないのは、いずれの解釈も成り立ちうるからで、少なくとも古事記における「比良坂」については、その解釈に決定的な根拠はみいだし難い、といわざるをえないのではないか。また、古事記の中で「比良」の省かれた「黄泉坂」という語の使用のあることを考え合わせると、それは決定的な要因ですらない可能性もある。とすれば、「比良」の修飾対象である「坂」の解釈を行うことが目下の急務となる。

その「坂」であるが、異同を含むものを除くと、古事記中では当該の考察対象を含め五〇例を数える。人名の一部に用いられている二〇例を除くと、残りはおおむね地形としての「坂」を意味するもので、一般名詞と固有名詞とに分かれる。さらに、固有名詞は異界との境界（黄泉比良坂および海坂）と葦原中国の領域に属するものとに分かれる。ただし、いずれにも分類されないものとして「高胸坂」がある。これは、高御産巣日神の投げた矢が天若日子の「高胸坂」につきささる、という場面での使用であり、日本古典文学全集『古事記』の頭注が「仰臥している胸が坂のようになっていることからいう」とする一方、新編日本古典文学全集『古事記』の頭注では「「坂」は「先」の意のサカを表す借字」とする。

古事記の外に目を向けると、日本書紀（巻第二神代下　第九段一書第一）に、「高胸、此云二多歌武娜娑歌一」と注される例がある。語構成としては「高」が「タカ」、「胸」が「ムナサカ」と考えられる。日本書紀訓注が「倭語として示しておきたい特記すべき語」（毛利正守・二〇〇五）に付されるものであることを思えば、単に「胸」をムナサカと訓む、ということではなく、「胸」をムナサカという倭語にあてた、と解される。「胸」一語がムナサカと対応するのであるから、ムナサカは胸の一部（胸の先）ではなく、胸全体を示す語として理解するべきである。古事記の用例では起伏としての「坂」の例が大半を占めることを踏まえると、古事記の「高胸坂」もまた、傾斜したその様子に宛てた字であると考えるのが妥当と判断される。

また、「海坂」のように、形状を示す語であるかが不明で、海神の世界と葦原中国とを分け隔てるものとしての「坂」の例がある。語構成としても、世界を示す語が「坂」に冠されており、「黄泉（比良）坂」と類似の例といえる。ただし、黄泉比良坂は後に「出雲国之伊賦夜坂」となる、つまり、現実の「坂」に比定されるのであるから、「黄泉比良坂」の「坂」は傾斜をもったものとして認めなければならない。また、黄泉比良坂がその名を負う限りにおいて、それが黄泉国と葦原中国とを隔てるものとして機能していることも確かである。語源としていずれであるかは伺いがたいものの、「坂」の語義としては、先にみた④説と⑤説との双方の意味を担うものとしてあると理解されよう。

三　桃と坂

伊耶那岐命は、黄泉国からの帰還の最後に、黄泉比良坂の坂本に到着し、その地において千引石を引き塞ぐ[3]。

そして伊耶那岐命は、その坂本にあった「桃子」を投げつけて追手を撃退する。その後、伊耶那岐命は桃子に対して、自分と同様に「於二葦原中国一所有宇都志伎青人草」が苦しむときには助けよ、と告げ、「意富加牟豆美《オホカムヅミ》命」の名を与える。

諸注の指摘するように、この名が「大《オホ》＋神《カム》＋ツ＋ミ」のかたちで理解されることは明白であろう。接頭辞としての「オホ」は「意富斗能地神」や「意富夜麻登久邇阿礼比売命」等、音仮名でも多く用いられ、「カム」も神・人名に仮名書きで使用された例は見あたらないが、訓字では「神直毘神」や「神阿多都比売」の例があり、音仮名の使用は歌謡のなかで「加牟加是能（神風の）」（十三番）や「加牟菩岐（神寿き）」（三十九番）等がみられる。

そのような神聖なるものが、しかも葦原中国に存在するものを助ける職能を持つのであるから、「意富加牟豆美命」は黄泉国ではなく、葦原中国に属する神として位置づけられる。とすれば、その神のいる「坂本」もまた、葦原中国の一部としてあることが求められるだろう。

その桃を投げつける場面であるが、先行諸説が問題とするように異同がある。すなわち、

持撃者悉攻返也　（真福寺本）
持撃者悉迯返也　（伊勢本系三種）
待撃者悉坂返也　（卜部本系）

のように、持―待の異同と攻―迯―坂の異同とが存する。このうち、持―待については、「待打者、中二其目一、乃打殺也」（中巻　景行天皇）のような例から、また先着の伊耶那岐命が追手を待ち受けて撃退するという状況からみて、「持」よりも「待」の方が蓋然性が高いといえるだろう。度会延佳の鼇頭古事記以降、近時の古事記注釈・古事記全註釈・日本古典集成『古事記』・新編日本古典文学全集『古事記』等、主だった諸注釈は多く「待」

を採っており、研究論文も「待」を採用するものが大半である。

一方、攻—迯—坂については、管見の限り、現在は「坂」を採用するものが多いものの、定説といえるものはない。この異同についての諸論は、二つの問題点に分化する。すなわち、三種の字のうちのいずれを採るかであり、また同時に、そのとき被修飾語である「返」をカヘルと訓むかカヘスと訓むか、という問題が生じる。後者の問題については、西條（一九九七）が自覚的で、「古事記のなかでは、カヘルは「還」を用い、「返」はカヘスに当てるのが通例」（傍点ママ）と述べる。「還」と「返」との使い分けについて、佐藤麻衣子（二〇〇六）は、「還」は「帰着点への位置の変化という〈結果〉の意味を担う」ものであり、「返」は「進行の〈方向転換〉と帰着点への移動の起点における〈始動〉の表示となる」と指摘する。当該の例では、この坂本を起点としているのであるから、佐藤のいうところの〈始動〉の意と考えるのがよいだろう。

翻って異同の問題に戻れば、「迯」については、「ニゲカヘス」と「ニゲカヘル」の二種の訓が予想されるが、「ニゲカヘス」はニグの主体（追手）とカヘスの主体（伊耶那岐命）とが異なっており、語として成り立ちえない。仮に返をカヘルと解しても、「迯」は他の二字とも字形が大きく異なり、また先代旧事本紀の類似文脈に「悉迯還」とあることから、書写に際してそこから影響された可能性も否定できない。

「攻」であるが、これも「攻（セム）」の主体が伊耶那岐命であり、また「返」の訓の在りようからみて、セメカヘルとは解しがたい。となればセメカヘスと解するべきであるが、それはいかなる動作か。それは反撃の意とみるのがよいのであろうが、そのとき、上の「悉」はどう解釈されるか。悉く反撃した、と理解して、文意は通るかといえば、少なからず疑問が残る。

「坂」は、他の二字と異なり、動詞ではなく名詞である。「逆（サカ）」の意の借字とみるむき（日本思想大系

『古事記』）もあるが、他の「坂」がすべて訓字であるのに、ここのみ仮名とみる理由はみいだしがたい。訓としては古写本に「サカヨリカヘリヌ」とあるが、起点を示す「自（ヨリ）」のないことがその訓を否定する根拠として挙げられる（西條・一九九七、吉野・一九九九）。また、西宮一民は「サカヲカヘリキ」（おうふう『古事記』、日本古典集成『古事記』）と訓む。西條（一九九七）は「返」をカヘルと訓んでいることをもって批判の根拠とするが、

其八上比売者、雖二率来一、畏二其適妻須世理毘売一而、其所レ生子者、刺二挟木俣一而返。

のように、古事記のなかに「返」をカヘルと訓む例が皆無ではない以上、決定的な否定の理由とはならない。むしろ、「迯」および「攻」に比して、解釈の妥当性は高いといえる。

このとき、「サカヲ」と訓むと、追手は坂を通って帰還したことになる。つまり、伊耶那岐命も追手も一度は坂を越えて坂本に至り、追手のみが坂を通って帰った、ということである。冒頭で確認したとおり、伊耶那岐命の移動は坂本で決着している。ならば、伊耶那岐命と追手は坂上から坂本へと到ったと解されることになる。しかし、姜（二〇〇〇Ａ）では「「坂」はこえるもの」であることが指摘されている。また、第一章第二節でも述べたとおり、黄泉比良坂が伊賦夜坂へと変容するものであることを思えば、その坂本に石を置くのであるから、坂本から坂全体を塞ぐように石を置いた場合、つまり坂上が黄泉国に接していると考えたとき、矛盾が生じてしまう。黄泉比良坂が伊賦夜坂へと変容する契機を閉じてしまうのである。

つまり、追手は坂を通過することなく、坂本より黄泉国へとかえらねばならない。

そのため、私案として「サカニカヘリヌ」あるいは「サカニカヘシヌ」の訓を提示したい。古事記において、地点を示す「ニ」を示す助字としては「於」が頻用されるが、必ず用いられるわけではない。返読の例ではあるが「天手力男神、隠二立戸掖一而」（上巻　天の石屋）があり、また「其地作レ宮坐」（上巻　須賀の宮）のように返

読しない例もある。解釈としては「坂（本）からかえった」あるいは「坂（本）からかえした」となり、古写本の傍訓「サカヨリカヘリヌ」に近い。この場合、追手は坂を通らずに帰ることになる。

結

以上、先行研究において問題とされている部分についての私見を述べつつ、境界としての黄泉比良坂について考察を行った。今一度、要点をまとめる。黄泉比良坂は語源にかかわりなく、古事記においては黄泉国と葦原中国とを区切る坂として機能している。それは物語の最後には境界としての機能を千引石＝塞坐黄泉戸大神に譲る。そして、坂自体は出雲国の伊賦夜坂に比定されるものとなる。このとき、黄泉比良坂の坂本は黄泉国に接するかたちでなければならない。その坂本に石が置かれたとき、坂は葦原中国の一部へと変容する契機を得ることになる。このように考えると、黄泉国は坂の下にあるのだから、地下世界と考えるのが妥当であろう。漢籍「黄泉」の語義に照らしても、それは矛盾のないかたちであるといえる。また、黄泉国が地下世界であるとき、坂上に石を置いたとしたら、坂本にいる、葦原中国の青人草を救うべき意富加牟豆美命も黄泉国ごと塞いでしまうことになる。

しかしながら、黄泉国が地下世界であることが、冒頭に確認したような〈高天原―葦原中国―黄泉国〉という、一元把握による三層構造の世界観が古事記に貫かれていることにはつながらない。それが地下であれ地上であれ、「黄泉」ではない「黄泉国」が葦原中国をあらしめるものであることにはかわりない。むしろ、黄泉国と葦原中国とが分断されるものではあるものの、石を境界として地続きでありつづけることに意味がある。つまり、梅田徹（一九九五）が示したとおり、三者の大神、すなわち塞坐黄泉戸大神と、黄泉国の大神である伊耶那美命、葦原中国の大神である伊耶那岐命との均衡の上に成り立つことが重要であろう。国作りを共に為すべく呼びかけに往った伊耶那岐命が、その往還の結果、黄泉国と対応するものとして、葦原中国をクニのレベルのうちに顕現させるのである。むろん、そこに高天原の関与する余地はない。かくして、神野志（一九八六）の示した世界観は、黄泉国が地下世界であっても是認されるのである。

注

（1）村上桃子（二〇〇七）は、先行説で境界として考えられてきた「坂」について、「常に帰りの時点の、二者の離別時に限って異郷とのあいだの坂はあらわれ、その機能を果たす」と論じる。別れの場面としての「坂」を論じており、説得的である。ただし、村上論は先行説と二律背反の関係にはなく、直ちに境界としての坂を否定するものではない。また、黄泉比良坂の坂本は、伊耶那美命以前の追手をそこで撃退する場所としてあることに留意したい。

（2）ただし、「竪炭重燔　吹烱九泉【李善曰、（中略）吹猶然也。烱、光也。言二火之光一、下照二九泉一。地有二九重一、故曰二九泉一】」（文選　第十二巻　晋・木華　海賦）、「少府謂言児是九泉下人、明日在レ外、談道児一銭不レ直。」（遊仙窟）のように、墓所や地下を意味する「九泉」および「九泉下」もある。

（3）第一章第二節で述べたとおり、行・来・到といった移動の用字から判断するに、伊耶那岐命の移動は黄泉比良坂の坂本において完了しており、それ以上の逃走は必要なかったものと考えられる。

引用文献

青木周平（一九九二）「上代　神話」（『文学・語学』136　一九九二年一二月）

梅田徹（一九九五）「イザナキの黄泉国訪問と「大神」への変異―『古事記』の「神代」―」（『帝塚山学院大学日本文学研究』26　一九九五年二月）
岡田裕香（二〇〇八）「古事記における死の表現―黄泉国訪問の文脈を中心に―」（『日本文学論究』67　二〇〇八年三月）
勝俣隆（二〇〇六）「伊邪那岐命の黄泉国訪問譚の解釈―黄泉国の存在位置と黄泉比良坂の位置関係を中心に―」（『長崎大学教育学部紀要（人文科学）』72　二〇〇六年三月）
烏谷知子（二〇〇七）「黄泉国訪問神話の構成」（『学苑』795　二〇〇七年一月）
姜鍾植（二〇〇〇A）「「黄泉比良坂」考―「事戸を度」す場所と関わらせて―」（『古事記年報』42　二〇〇〇年一月）
神野志隆光（一九八六）「「黄泉国」―人間の死をもたらすもの―」（『古事記の世界観』吉川弘文館　一九八六年六月）
西郷信綱（一九六七）『古事記の世界（岩波新書）』（岩波書店　一九六七年九月）
西條勉（一九九七）「黄泉／ヨモ（ヨミ）―漢語に隠される和語の世界―」（『東アジアの古代文化』91　一九九七年四月）
西條勉（二〇〇五）『古事記と王家の系譜学』（笠間書院　二〇〇五年一一月）
佐藤麻衣子（二〇〇六）「『古事記』の意味論的表記論―「ユク（行・往）」と「カヘル（還・返）」―」（『国文目白』45　二〇〇六年二月）
中村啓信（一九九四）「「黄泉」について」（『古事記年報』36　一九九四年一月）
橋本利光（二〇〇六）「黄泉比良坂と異界」（『國學院雑誌』107―9　二〇〇六年九月）
益田勝実（一九八四）『古事記（古典をよむ）』（岩波書店　一九八四年一月）
村上桃子（二〇〇七）「葦原中国と海原―「塞海坂」をめぐって―」（『古事記年報』49　二〇〇七年一月）
毛利正守（二〇〇五）「日本書紀の漢語と訓注のあり方をめぐって」（『萬葉語文研究』1　和泉書院　二〇〇五年三月）

吉野政治（一九九九）「「黄泉国比良坂の坂本」―黄泉国の在処について―」（『古事記年報』41　一九九九年一月）

参考文献

青野直仁（二〇〇五）「『古事記』における「黄泉国」の位置付け」（『日本文学論究』64　二〇〇五年三月）
伊東真紀（二〇〇〇）「古事記「黄泉国」と出雲国―海食洞穴に注目して―」（『広島女学院大学大学院言語文化論叢』3　二〇〇〇年三月）
姜鍾植　（二〇〇〇B）「古事記の境界論―「坂」を中心に―」（『東アジア研究（大阪経済法科大学）』47号　二〇〇〇年二月）
神田典城（一九九二）「黄泉国逃走譚の形成」（『国語国文論集』21号　一九九二年三月）
神野志隆光（一九八三）「「黄泉国」をめぐって―『古事記』の神話的世界―」（『風俗』76　一九八三年九月）
酒井陽　（二〇〇一）「黄泉の国と死者の国―記紀神話の「黄泉の国」は死者の赴く世界か―」（『千葉大学日本文化論叢』2　二〇〇一年三月）
佐藤正英（一九八二）「黄泉国の在りか　『古事記』の神話をめぐって」（『現代思想』臨時増刊号　一九八二年九月）
寺川眞知夫（一九八八）「黄泉国と根之堅州国」（『学術研究年報』39―Ⅳ　一九八八年一二月）
寺田恵子（一九九九）「黄泉国と根之堅州国の関連について」（『古事記・日本書紀論叢』続群書類従完成会　一九九九年七月）
戸谷高明（二〇〇〇）「神話の時空と異界」（『上代文学』85　二〇〇〇年一一月）
蜂矢真郷（一九八五）「重複と接尾―万葉集の用例を中心として―」（『万葉集研究』13　塙書房　一九八五年九月）
蜂矢真郷（二〇〇四）「上代の清濁と語彙―オホ～・オボ～（イフ～・イブ～）を中心に―」（『美夫君志』68　二〇〇四年三月）
目黒礼子（一九九九）「黄泉国の位置―黄泉比良坂を中心に―」（『群馬県立女子大学国文学研究』19　一九九九年三月）

毛利正守（一九九九）「古事記構想論」（『古事記の現在』笠間書院　一九九九年一〇月）
和田嘉寿男（二〇〇三）「荒塩の塩の八百道―黄泉比良坂を考える―」（『武庫川国文』61　二〇〇三年三月）

補論2　先代旧事本紀の文末助字

序

先行研究の多くが指摘するとおり、先代旧事本紀（以下、旧事本紀と略す）は一部に独自の内容を持ちつつも、その大半は日本書紀・古事記を利用して構成された本文からなり、また古語拾遺からの利用箇所もみられる。そのために近世以降は偽書としての地位を与えられ、研究の対象とされることは少なくなった。しかし、近時においては、旧事本紀における先行資料受容の問題、あるいは旧事本紀自体の作品論的研究が、工藤浩・松本直樹・津田博幸によって行われている。(1)

本節では、旧事本紀全体の作品的構造をみる目的から、巻第一から第四を主たる対象とし、その文体的特徴、殊に文末助字に注目する。旧事本紀の先行テキスト利用は日本書紀・古事記・古語拾遺に依るものではあるが、巻第五以降での利用部分の大半は日本書紀であり、比して古事記・古語拾遺の利用はほとんどない。しかし、巻第一から巻第四では古事記も応分の利用をされており、古語拾遺の利用箇所もみられる。これらの巻を対象とすることで、旧事本紀が先行資料をいかに受容し利用したかを詳細にみることが可能である。旧事本紀における先行資料の利用はかなり徹底したもので、基本的には元となる資料を改編することが少ない。しかし、それら先行資料をひとつのテキストとして再編し、織りなすとき、ただ盲目的かつ無秩序に素材を配置したのではなく、一定の論理に基づいた、と考えられる。本節ではその構成の一端をみる目的から、文末助字に注目する。ここにおいて、正格漢文を指向する日本書紀と、いわゆる変体漢文あるいは倭文体[2]資料としての古事記とを旧事本紀がいかに接合したのかが露呈していると考えられるのである。そして、そのような状況をみることは、ある作品が任意の時点からみた前時代の資料をいかに享受したのかを、そしてさらに、それを再構成するときの表記意識を考えることに繋がるだろう。

ただし、旧事本紀を研究の対象として据えるときに障害となるのは、その依拠本文の問題である。鎌田純一（一九六二）の指摘するとおり、旧事本紀の最古写本は天理図書館蔵本である卜部兼永本であり、「現存諸本の大半は本書の系統である」ため、十全な校合作業を行うことが困難である。もちろん、旧事本紀自体の依拠本文である日本書紀・古事記を参考にすることが可能ではある。たとえば、「故復造無名雉也」（旧事本紀　巻第三　天神本紀）とある箇所は、元となる箇所が日本書紀（巻第二神代下　第九段一書第六）に「故復遣無名雌雉」とあって、おそらくは旧事本紀自体にも「遣」とあったところを書写の過程で「造」と書き誤ったものと思われる。この旧事本紀巻第三には、他にも同様の誤りと思われるところが多く、直前にも、「諸神答曰可造無名雉亦因遣無名雉」とあり、ここには「遣イ」と傍書される。この箇所もまた、古事記（上巻）に「答白可遣」とあるものを利用したと考えられる。よって、日本書紀・古事記を参考として、現存する旧事本紀の「造」を「遣」と改めることが可能である。

しかし、一方で、たとえば、

青橿城根尊【亦云沫蕩　亦云面足尊】

妹吾屋惶城根尊【亦云惶根尊　亦云蚊鴈姫尊】（巻第一神代本紀）

とある箇所は注意される。というのも、現存する主要な日本書紀写本には、「面足尊惶根尊【亦曰吾屋惶根尊亦曰忌橿城尊亦曰青橿城根尊亦曰吾屋橿城尊】」（巻第一神代上　第二段正文）として、オモダルとアヤカシコネの対偶はあっても、「アヤ（アヲ）カシコネ・イモアヤカシコ（キ）ネ」と並列して記されるものはないためである。これについては、日本書紀私記（丁本）のなかにある議論が参考となる。すなわち、

亦曰吾屋惶根尊
問。此注文在㆓惶根尊之下㆒。而諸本多在㆓面足尊之下㆒如何。

とあって、承平講書の時点では「惶根尊」の下にあるべき分注が「面足尊」の下に施された「諸本」が多くみられたようである[3]。つまり、旧事本紀の「アヲカシキネ・イモアヤカシキネ」の並列は、そのような「諸本」の理解に基づくものと推測される。とすれば、現存する日本書紀の本文で旧事本紀の校訂をすることには慎重でなければならない、ということになる。そのため、旧事本紀の文脈に齟齬をきたす用字であっても、それが日本書紀・古事記・古語拾遺において補正されうるようなものでない場合は、原則として卜部兼永本旧事本紀の本文に依拠して論考を進めることとする。

一　先行研究

旧事本紀が書名として最初に掲出されたのは、日本書紀私記（丁本）である。日本書紀私記における旧事本紀についての言及は、以下の二点においてなされる。第一に、「本朝之史。以㆓何書㆒為㆑始乎」という質問に対して、博士である矢田部公望は、

先師之説。以二古事記一為レ始。而今案。上宮太子所レ選先代旧事本紀十巻。是可レ謂二史書之始一。何者。古事記者。誠雖三注二載古語一。文例不レ似二史書一。至三于上宮太子之撰一繋二於年一繋二於月一。全得二史伝之例一。然則以二先代旧事本紀十巻一可レ謂二本朝史書之始一。

として、編年体であること、すなわち書体としての共通性をもって、旧事本紀を日本書紀の始祖として認める。一方、「先師」である藤原春海が日本書紀の祖として説いた古事記については、「誠雖レ注二載古語一。文例不レ似二史書一」と退ける。ここでは、書物としての性格が取り沙汰されている。第二に、日本書紀編纂にあたっての参考資料を問う質問に対して公望は、先師の説では日本書紀の参考資料として古事記を用いたこと、また文章については「只以レ立レ意為レ宗。不レ労二文句之躰一」であったことが指摘されていると述べたうえで、

而今見二此書一（引用者注―日本書紀のこと）。所レ載麁文者。全是先代旧事本紀之文也。注二一云一之処。多引二古事記之文一。況復上宮太子全依二経史之例一能労二文筆之体一。或神名用レ訓之処。更不レ雑レ音。或嶋名用レ音之処。亦不レ雑レ訓。此近則。国常立尊殿馭盧嶋等。是其一端也。此書之体。已同二彼書一。況其所レ載。多引二彼文一。然則。可レ謂下以二先代旧事本紀一為レ本所上レ選也。

として、文体と内容とが旧事本紀に類似していることをもって、そこに改めて日本書紀の始原を見定めるのである。旧事本紀の序において「大臣蘇我馬子宿禰等奉勅修撰、夫先代旧事本紀者、聖徳太子且所撰也」とあり、それが日本書紀（巻第二十二　推古天皇　二十八年是歳）にいう聖徳太子と蘇我馬子の「天皇記」「国記」を連想させるものであることを思えば、日本書紀の始原という立場は、旧事本紀が自ら求めるものである。

もちろん、旧事本紀を日本書紀の祖とみる公望の謂いとは逆で、日本書紀を参考として旧事本紀が作成されたのであるが、とはいえここに旧事本紀自体の享受のされ方が垣間見える。すなわち、あらゆる作品に先行する、

史書の始原としての旧事本紀と、溯源的な神話テキストとしての旧事本紀である。

津田博幸（一九九七）は、旧事本紀を「すべての神話テキストに対して根源テキストたらんとした」と評する。また、日本書紀・古事記に加え、古語拾遺さえも飲み込んだため、少なからず内容として矛盾の生じることについては、「記紀を無理やり合成した結果」と認めた。松本直樹（二〇〇三）の言及にある、「こうした網羅主義は、当然のことながら多くの矛盾や重複を生み出してしまう」も、同様の指摘であろう。ただし、津田が、矛盾の生じることが「一元化」ではなく「網羅」の故であると述べたのに対し、松本は、

新たな「神話」を作り出そうとする行いには、既存の神話の処理が必ず必要になるだろう。既存の神話を無視したり、似ても似つかない形に変えてしまうのではなく、それを甘んじて受けとめることで、神話の力を保持し、その上に独自の主張をかぶせてゆく姿勢が求められたのではないだろうか。

とも論じており、その「網羅」の在りかたについては理解が異なる。これら先行説においては、旧事本紀の矛盾、たとえばアマテラスやヒルコが二度生まれるといったことについて、もとの資料を網羅的に吸収したためであると論じる。一方、神野志隆光（一九九六）は、「本質的に異なる世界の物語―多元的に成立した天皇の神話―を一元化する」ものとしての旧事本紀を認める。そして、それが「日本紀言説」のひとつのかたちであり、「注釈テキストと再構成されたテキストとを切り離さずに総体としてとらえ、そこで神話を作り直しつつ〈正典〉たりえてゆく」という。

このようにみると、問題は、旧事本紀が先行する作品を享受、再構成するとき、そこにどのような意図があったのか、あるいはそもそもないのか、とまとめられよう。本節では旧事本紀の内容そのものではなく表記についての考察を主とするが、この問題意識は常に念頭におかれるべきものであると認める。そして、その表記につい

ての指摘としては、松本（二〇〇三）に、

記・紀の諸伝を、ただやみくもに、あるいは事務的に、右から左へと書き写すだけではなく、きちんと読み、内容を理解した上で、わざわざ手間をかけて作文をしているのである。（中略）「旧事紀神話」では、神名の殆どが日本書紀の表記に統一されている。そのことは、所謂出雲神話の、古事記にしかない部分からの引用の中でも、凡そ貫かれている（例えば大己貴神）。ヒメは「姫」で統一されている。このように表記統一の意図がないわけではないが、全体で用字が統一されているとは到底言い難い。「旧事紀神話」の文は、基本的に、資料の文、字句をそのまま引用したものであると言える。（傍線は引用者）

とあることが注意される。たしかに旧事本紀は、異質な資料を接合し、かつそれを極力保存するかたちでなされた書物であるから、「全体で用字が統一されているとは到底言い難い」という指摘は正しい。とはいえ、松本自身が認めているように、たとえば固有名詞のように、部分的な統一意識は認められる。つまるところ旧事本紀は、日本書紀等の遡源テキストであることを目指しており、そのため利用資料の表現を保存する必要がある。一方で、全体としては均質である必要があり、そこにはオリジナリティが求められる。元の表現を保存しつつ改めねばならぬという、その拮抗するところに旧事本紀の表記意識の分水嶺を認めうるのではないか。このように確認したうえで、具体的に旧事本紀が先行資料をいかに利用しているのか、その状況をみていくことにする。

二　先行資料の利用と文末助字の概略

すでに工藤浩（二〇〇三）が、

『先代舊事本紀』において、神代記事に充てられた前半部分と神武天皇以降の人代部分を記した後半とでは、編纂の方針、即ち『古事記』『日本書紀』『古語拾遺』からの依拠すべき記事の取捨選択の基準と、更にそれを引用する方法に大きな違いが存しているように思われる。

と指摘するとおり、神代に相当する巻第一～第四と、人代に相当する巻第五以降との間には、利用資料にかなりの偏りが見られる。すなわち、巻第一～第四は日本書紀だけでなく古事記・古語拾遺の利用も多くなされているのに対し、巻第五以降における先行資料の利用は、ほぼすべて日本書紀である（ただし、巻第五はかなり多くの独自記事を含む）。数値的に見ると、巻第一～第四における日本書紀の利用はおよそ八〇〇〇字強、[4]それに対して古事記の利用はおよそ六〇〇〇字強で、古事記の利用もかなり多く見られる。その利用を、例を挙げてみてみると、

為高志　八岐大蛇　毎年来喫今臨被　呑時　故　哀傷矣　（旧事本紀巻第四　地祇本紀）

毎年為　八岐大蛇　所呑　無由脱免故以哀傷　（日本書紀　巻第一神代上　第八段正文）

高志之八　俣遠呂智毎年来喫　（古事記　上巻）

のごとくである。このように、旧事本紀の文を中心とし、その利用を確認してみたところ、いくつかの傾向をみいだすことができた。文中における表現では、旧事本紀に独自なもの、あるいはもとの資料から置換を行ったものが存在する。たとえば、

而　後手布里　都〃之逃走矣　（旧事本紀　巻第一陰陽本紀）

而於後手布　伎都都　逃来　（古事記　上巻）

のように、古事記にはなかった「之」が加えられ、「布伎都都」とあったところが「布里都〃」とされたもののごとくである。これらの表現においても、旧事本紀が利用した資料の性質と相俟って論考が必要と思われるが、本節では、特に文末助字における特徴的な傾向を考察の対象としたい。というのも、次に示すように、文末助字の使用に一定の規則があると判断されるためである。たとえば、

一日　千五百人必生也　（旧事本紀　巻第一陰陽本紀）

一日必千五百人　生也　（古事記　上巻）

のように、旧事本紀のなかで利用元の資料とほぼ同様の表現があるのに対し、

故神憂　迷手足内　広凡厥庶事燎燭而弁矣　（旧事本紀　巻第二神祇本紀）

神　愁迷手足　罔惜　几厥庶事燎燭而弁　（古語拾遺）

敢えて文末に助字を付すもの、さらに、

韓郷之嶋是有金銀若使吾児所御之国不有浮宝者未是佳矣　（旧事本紀　巻第四地祇本紀）

韓郷之嶋是有金銀若使吾児所御之国不有浮宝者未是佳也　（日本書紀　巻第一神代上　第八段一書第五）

のように、「也」とあったところを「矣」と置き換えたものなどが、その様相の一端を示している。つまり、文末助字には使い分けがみられるのである。

考察にあたって、まず、巻第一から巻第四までの文末助字の概況をみる。このなかには「哉」（三例）・「歟」（一〇例）・「乎」（一三例）・「焉」（一八例）等の使用もあるが、特に「也」（一五一例）および「矣」（二〇四例）の使用が突出している。少数の例の使用についても論じるべきではあるが、本節では、大多数を占め、かつ対応する性質がみられる「矣」「也」の考察を中心とする。(5)

巻第一から第四における「矣」の使用は、順に六三例・三一例・五三例・五七例の合計二〇四例、「也」が同じく四二例・四〇例・三〇例・三九例の合計一五一例であり、巻における大きな偏りはみられない。そして、四巻全体で利用元資料と利用のあり方をまとめたのが、以下の表1および表2である。

表1　「矣」利用資料一覧

	日本書紀利用	古事記利用	古語拾遺利用	元ナシ	記紀利用	合計
合計	118	56	9	21	(10)	204 (214)
そのまま	36	3	1	*	0	40
置換（也）	12	12	0	*	(2)	24 (26)
置換（他）	12	5	1	*	0	18
付加	58	36	7	21	(8)	122 (130)

表2　「也」利用資料一覧

	日本書紀利用	古事記利用	古語拾遺利用	元ナシ	記紀利用	合計
合計	84	30	7	30	(2)	151 (153)
そのまま	53	19	6	*	0	78
置換（矣）	4	3	0	*	0	7
置換（他）	3	0	0	*	(1)	3 (4)
付加	24	8	1	30	(1)	63 (64)

・「そのまま」は元の資料にそれぞれ「矣」あるいは「也」とあるものをそのまま利用したものである。
・「置換」は、元の資料には（　）の中にあったものを、それぞれ「矣」「也」と置き換えたものである。
・「付加」は、元の文にはなかったが、文の末尾に「矣」「也」を付け加えたものである。
・利用について、「元ナシ」としたものは文自体が先行資料のないもの、つまり旧事本紀に独自なものである。数値は、便宜上「付加」に算入した。
・「記紀利用」としたものは、たとえば、左のごときものである。

　　啼泣　　矣　　（旧事本紀　巻第一陰陽本紀）
　常以啼泣恚恨　　（日本書紀　巻第一神代上　第五段一書第六）
　　啼伊佐知伎　也　　（古事記　上巻）

「啼泣」そのものの表現は日本書紀にあるが、他方、古事記にも「啼伊佐知伎」の表現があり、かつ古事記の場合はその下に「也」がある。このように直接の利用が不明瞭ながら双方の可能性が考えられるものである。両方の状況をそれぞれ区分に加えた（この場合は、「置換（也）」および「付加」である）。ただし、これらを数値として加えると絶対数が増えてしまうため、以下、考察の対象としない。ここでは参考として（　）に入れて数値を示した[6]。

　これら「矣」「也」の統計をみると、まず「矣」について、利用元の資料にはない「矣」を付け加えた例の相当数みられることが看取される。日本書紀（五八例）・古事記（三六例）・古語拾遺（七例）の合算は一〇一例であり、これは用例全体（二〇四例）のおよそ五〇％に相当する。一方、「也」でも付加されたものが三三例存する。これは用例全体（二五一例）の二一％にとどまる。

　次に、「矣」においては、二四例であるが「也」から置換された例がみられる。これは用例全体の一一％である。他の語（「哉」など）からのもの（一八例）も含めれば、二〇％になる。これに対して、「也」の置換例は、「矣」からのものにその他の語から置き換えられたものを含めても、七％弱である。

そして、資料からそのまま使用しているものをみると、「矣」が四〇例で二〇％であるのに対し、「也」は七八例で五二％である。

以上をまとめると、「矣」は元の資料にはないものを使うことが多く、「也」は元の資料のかたちをそのまま残す傾向のあることを指摘できる。以上の概略に基づき、「矣」および「也」の具体的な使われ方を考察することとしたい。

三　会話文における「矣」「也」

「矣」「也」が文末助字として機能している以上、その文自体がいかなる内容であるかを考える必要があるだろう。そのため、まず「矣」「也」それぞれを、会話文での使用と地の文での使用とに分けた。そして、それぞれが元の資料にあるものか、あるいは置換・付加されたものであるかを確認した。表3がその結果である。

表3　「矣」「也」会話文と地の文とにおける使用

	「矣」		「也」	
	会話文	地の文	会話文	地の文
元ナシ	6	15	1	29
そのまま	19	21	31	47
付加	35	66	6	27
置換（也／矣）	7	17	1	6
置換（他）	8	10	2	1
合計	75	129	41	110
総計	204		151	

「矣」をみると、先に確認したことと重複するが、会話文・地の文ともにそのまま使用しているものよりも付加したものが多い。特に地の文では二一例対六六例で、三倍強が付加されたものである。置換されたものも加えれば、さらにその差は広がる。これらのことから、「矣」は意識的に付加される傾向の強いことが指摘できるだろう。対して「也」では、逆に付加するものよりもそのまま使用するものの方が多い。ただし、会話文では付加+置換の例がそのまま使用されるものの三分の一ほどであるのに対して、地の文ではややそのまま使うものが多い、という程度である。とはいえ、「矣」の使用と比較すれば明白なとおり、元資料からそのままの使用が多いことには変わりない。このように、同じく文末の助字ながら、それぞれにおいて元資料からそのままの使用であるか新たに付加・置換されたかは異なる。偏りがある以上、その使用にあたって意図あるいは論理があって、それに基づいているためであると考えられる。では、具体的にその使用の様相をみることとしたい。

まずは、会話文の例から考察する。

(1)是時月夜見尊忿然作色曰穢哉鄙矣 （巻第一神祇本紀／紀利用／そのまま）

(2)如此者吾当縊殺汝所治国民日将千頭矣 （巻第一陰陽本紀／紀利用／付加）

(1)は日本書紀ほぼそのままの文で、このあとに「寧可似口吐之物敢養我乎」と月夜見尊の発言の続く箇所である。対して(2)も「矣」以外は利用元である日本書紀と同一の文であるが、伊奘冉尊の発言はここで終わる。会話文での使用のうち、付加されたものおよび元資料のないものでは、発話途中での例と発話末尾の例との比率はさほどかわらない。ただし、発話のなかでいくつかの内容が並列的に示されるときは、「復～矣、復～矣」あるいは「次～矣、次～矣」のように、箇条書きのように並列される文の最後にその都度「矣」の付されることが多い。これらのような例を除外すると、発話途中の例が一〇例であるのに対し、発話の末尾に付されたものは二五例である。さらに、元資料からそのまま使用されているものを合わせると、発話途中のものが一九例であるのに対し、発話の末尾にあるものが五〇例である。元の資料になく、旧事本紀において付加された三五例のうち、並列的に文末にあるものが六例、発話の途中にあるものが七例、そして二二例が発話の末尾に付されたものであることを思えば、会話文における「矣」は、その発言が終わることについての指標として機能しているといえるだろう。

なお、元資料にある「矣」が旧事本紀では採られなかったもののうち、会話文に属するものは左の一例のみである。

　自此永帰根国　請姉照臨天国　可平安坐　（旧事本紀　巻第二神祇本紀）

　自此永帰根国矣請姉照臨天国自可平安　（日本書紀　巻第一神代上　第七段一書第三）

ここでは、文と文が接合され、継続したために「矣」が排除されたと判断される。

一方、「也」では、付加されたものも元資料のないものも少ないが、発話の途中・発話の末尾の比率はほぼ同じである。そのため、固定的な意識をみることは難しい。全体の用例をみても、発話途中のものが二一例であるのに対し、発話の末尾にあるものが二〇例と、ほぼ同数である。これは、元資料からそのまま使用されているものが三一例あることと無関係ではあるまい。「矣」とは異なり、「也」は、会話文においては積極的な使用意図を認めにくい。

ただし、元資料にあったものの使用されなかった「也」のうち、会話文に属するものは五例ある。左がその一例である。

　手摩乳此童女是吾児　号奇稲田姫矣　（旧事本紀　巻第四地祇本紀）

　手摩乳此童女是吾児也号奇稲田姫　（日本書紀　巻第一神代上　第八段正文）

ここでは「吾児」の名が「奇稲田姫」であることを述べている。つまり、内容として継続しており、そのために「也」が排除され、そのかわりに「矣」の置かれるところまでが一続きの内容とされたと考えられる。残りの四例もこれと同様に、意味のまとまりの途中に挟まれるものが排除されており、消極的な使用の様相、つまり意味の切れ目に「也」が残されることは指摘することが可能である。

四　地の文における「矣」「也」

次に、地の文における使用をみる。

(3)伊奘諾伊弉冉二尊天降其嶋則化竪八尋殿共住同宮矣|　(巻第一陰陽本紀/紀利用/付加)

(4)是以百姓至今咸蒙恩頼者矣|　(巻第四地祇本紀/紀利用/付加)

いずれも、日本書紀を元とした文であり、文末に「矣」の付されたものである。(3)は伊奘諾尊と伊奘冉尊とが八尋殿をつくり、そこでともに住むことになった、と場景を描写するものである。対して(4)は、大己貴神と少彦名神とが鳥獣昆虫の災いを払う呪いの法を定め、そのために今に至るまで百姓がその恩を被っている、と状況の説明をするものである。つまり、前者は物語の内容そのものであり、後者は物語を語る立場からその物語を説明するものである。一方、「也」の例を挙げると、

(5)復以手爪為手端之吉棄以足爪為手端之凶棄物也|　(巻第二神祇本紀/紀利用/付加)

(6)鏡亦名真経津鏡是也|　(巻第二神祇本紀/紀利用/付加)

(5)は素戔烏尊の手足の爪を祓えのための賠償としてとった、と場景を描写するものであり、(6)は今も伊勢にある

八咫鏡について、亦の名を真経津鏡というのだ、と説明するものである。結論を先取りすると、「矣」の使用は(3)(5)のような使用に偏り、「也」の使用は(4)(6)のような使用に偏る。それぞれの助字は文の内容によって使用が異なる。つまり、そこには内容の差異についての意識が明確である、ということにほかならない。論者は本書において、古事記・日本書紀を対象としてその語りのメカニズムについて論及してきたが、旧事本紀の場合、(3)(5)を物語、(4)(6)を語りとして考えることができそうである。ここでいう「語り」とは、右の(4)のように物語のなかでの事柄について注釈をするもの、(6)のように「AハBデアル」と説明するもの、あるいは、「世人所謂返矢者可畏是其縁也」（巻第三天神本紀）のように由来を説くものである。このような基準に従ってまとめたのが、左の表である。

表4　「矣」「也」における物語と語りとの分布

	「矣」			「也」		
	物語	語り	合計	物語	語り	合計
元ナシ	11	4	15	1	28	29
そのまま	16	5	21	12	35	47
付加	61	5	66	13	14	27
置換（也／矣）	14	3	17	1	5	6
置換（他）	9	1	10	1	0	1
総計	111	18	129	28	82	110

一見してわかるとおり、「矣」と「也」とは、それぞれ物語と語りの使用に偏っている。その割合は、「矣」の場合、物語に属するものが八六%、「也」の場合、語りに属するものが七四%である。偶然にしては偏りが大きい。

また、旧事本紀に採用されなかった「矣」「也」のうち、地の文に属する使用例をみてみると、「矣」が八例、「也」が三一例存する。「矣」の八例のうち、

左手掌中　化生之神号曰　正哉吾勝〃速　天穂別尊　（旧事本紀　巻第二神祇本紀）

而著於左手掌中便化生　　男矣　（日本書紀　巻第一神代上　第六段一書第一）

のように、元資料では「矣」で文の切れているところが、旧事本紀では文の継続しているため「矣」の除外されたものが六例ある。残り二例はいずれも語りに属するもので、旧事本紀における「矣」の使用傾向を裏付けるものといえる。「也」の三一例をみると、たとえば日本書紀（巻第一神代上　第五段一書第六）に「所塞磐石是謂泉門塞之大神也」とあるところが、旧事本紀（巻第一陰陽本紀）「復所塞其黄泉坂之石者号道反大神　復所塞磐石是謂泉門塞之大神　復塞坐黄泉戸大神也」では列挙される神名のひとつとしてあり、挙げられた最後の神名に「也」の付されていることをみれば、日本書紀にあった「也」を省いたのも由なしとしない。あるいは、日本書紀（巻第一神代上　第七段一書第二）では「伊勢崇秘之大神也」とあるところも、旧事本紀（巻第二神祇本紀）に「今猶存即是伊勢崇秘大神　所謂八咫鏡亦名真経津鏡是也」とある。ここでは、説明的内容が継続しているため、その内容が完結するところに「也」がおかれ、「大神」の下にあった「也」は省かれたものと思われる。このように、三一例のうち、二五例は語り・物語を問わず、右の例のように、まとまった内容のなかにあるものである。残った六例のうち、三例が語り、三例が物語に属する。用例数としては同じであるが、意味のある数字とは認め

がたい。むしろ、三一例のうち大半が採られなかったことに理由を認められる。

また、「矣」において語りの文末にある一八例、「也」において物語の文末にある二八例についての考察も必要と判断される。このとき、「矣」「也」いずれも、「元ナシ」に分類される数値に注目される。というのも、それが旧事本紀のオリジナリティーの最も露呈するところと考えられるためである。「矣」の場合、物語に属するものが一一例であるのに対し、語りに属するものは四例である。つまり、語りにおける数値の四倍ほどが物語に属している。これは、旧事本紀が「矣」を物語の使用に配置することと対応する。また、「也」の場合、語りに属するものがほぼすべてであり、ここにより明確な使用の状況をみることができるだろう。

「矣」と「也」とは、会話文と地の文とにおいて、異なった規則に則った使用がなされている。旧事本紀における物語と語りとにおける「矣」と「也」との対立的な使用は、完全とは言い難いものの無視できない偏りをみせている。つまり、旧事本紀において、表記について一定の統一的意識が存することを意味する。

結

これまでにみてきたように、旧事本紀の文末助字「矣」「也」の使用には、一定の規則性を看取することが可能である。それは、旧事本紀が先行資料を利用して成ったこととも関係する。異なる内容・表記の資料を一つの作品として構成するとき、それらを束ねる基層なくしては、成るものも成るまい。

その規則は、会話文におけるものと地の文におけるものとにおいて異なる。会話文の場合、「也」はその使用にあって明確な意図をみることは難しい。これは、「也」が元資料からそのまま使用されることの裏返しでもあるだろう。しかしながら、「矣」は元資料にはなかったものが多く、使用にあたってはなんらかの意識があると判断された。そして、その多くが発話内容での最終部に置かれていることから、発話の終了を示すものとしてあると考えられた。もちろん、発話が「矣」ではなく「也」で終わるものもあるのだが、それらのほぼすべては元資料からそのまま使用されている。

また、地の文での「矣」と「也」とは、それぞれ物語の場景描写である物語の文における使用と、説明的内容である語りの文における使用とに偏りをみせた。ここに、旧事本紀において統一的な表記意識の存することの一端をみることが可能であろう。

旧事本紀が「矣」「也」の使用を何に学んだのかと問えば、その根源を尋ねることは難しい。たとえば、『経伝釈詞』では「矣」について説文に「語、已詞也」とあることを挙げ、また「在㆓句末㆒有㆘為㆓起㆑下之詞㆒者㆖」といい、また「也」については玉篇に「所㆓以窮㆑上成㆑文也」とあることを述べ、「結㆓上文㆒」であるものとする。『助語辞』では、「是句意結絶処、也意平、矣意直、焉意揚、発声不同、意亦自別」とする。いずれも旧事本紀にみられるような使い分けとは異なる。また、日本書紀・古事記における使用と異なることも、旧事本紀がそれらを享受したときに助字を変えていることから明らかである。となれば、その意味で旧事本紀が独自の方法としてみいだしたとみるべきであろう。

旧事本紀をめぐる研究においては、その構成における統一性の有無を問題とすることがあった。本節の結論としては、少なくともその表記の一部に統一性を指摘することが可能と考える。しかもこのとき、元の資料の偏りはなく、いずれの資料も応分の利用を受けている。これは、旧事本紀が利用の対象に区別を設けておらず、網羅的に吸収した、ということである。それはしかし、無分別な吸収と無秩序な開陳ではない。類似した内容でありながら異なる資料を内化するとき、それらに必要最低限の加工をする必要があった。本節にみた「矣」「也」の使用は、そのひとつと考えられる。

そして旧事本紀は、日本書紀の、すなわち漢文体資料の祖と認められることになる。それは、旧事本紀自体が漢文体資料を目指したためである。だが、それは日本書紀のような正格漢文ではない。一方で非正格な漢文である変体漢文、倭文体資料である古事記を包摂したため、「比売」を「姫」と改めたように倭語を漢語に置き換える努力もなされたが、なお多くの倭語が残ってしまうことは避けえなかった。つまるところ、旧事本紀は漢文体を志向しつつも、日本書紀ほどにはその目的を全うしておらず、擬似的な漢文資料となったのである。

注

（1）先行研究においては、旧事本紀における古事記や日本書紀の本文利用を「引用」と呼ぶことが多いが、論者は「利用」と呼ぶ。これは、毛利正守（二〇〇五）が日本書紀における漢籍の「引用」と「利用」とを論じた区別に基づくものである。すなわち、ある文を元の作品のものとして受けとめる在りかたが「引用」であり、依拠する文が任意の作品において内化しているものが「利用」である。旧事本紀の場合、古事記や日本書紀の文はそれらの作品としてではなく、旧事本紀そのものの文として内化しているため、「引用」よりも「利用」と呼ばれるべきであろう。

（2）「倭文体」については、毛利正守（毛利・二〇〇三等）の規定に基づく。

（3）なお、当該の質問に対して、博士である矢田部公望は「是甚大誤本也」と断じている。

（4）ただし、利用箇所によっては、古事記からの利用であるのか日本書紀からの利用であるのかが不分明である部分もある。それらもひとまず字数に加えた。古事記の利用字数についても同様である。

（5）「矣」と「也」とを対比的に分析するのは、論者に独自の方法ではない。鈴木恵（一九八〇）では、日本霊異記の古写本において、古い時代のものでは「矣」とあるところが、時代が降ると「也」に改編される様相が看取され、それは和化漢文資料全体の傾向と一致することが論じられている。

（6）仮にこれらを加えても、論考自体の結論には影響しない。

引用文献

鎌田純一（一九六二）『先代旧事本紀の研究　研究の部』（吉川弘文館　一九六二年三月）

工藤浩（二〇〇三）「『先代舊事本紀』人代記事・「國造本紀」本文の構成」（『古事記受容史』笠間書院　二〇〇三年五月）

神野志隆光（一九九六）「古代天皇神話の完成」（『国語と国文学』73—11　一九九六年一一月）

鈴木恵（一九八〇）「日本霊異記古写本の比較に基づく文末の助字「也」「矣」字の用法」（『鎌倉時代語研究』3　一九八〇年三月）

津田博幸（一九九七）「日本紀講と先代旧事本紀」（『日本文学』46—10　一九九七年一〇月）

松本直樹（二〇〇三）「先代旧事本紀の「神話」—古事記神話の引用—」（『古事記受容史』笠間書院　二〇〇三年五月）

毛利正守（二〇〇三）「和文体以前の「倭文体」をめぐって」（『萬葉』185　二〇〇三年九月）

毛利正守（二〇〇五）「日本書紀冒頭部の意義及び位置づけ—書紀における引用と利用を通して—」（『国語と国文学』82—10　二〇〇五年一〇月）

終章

以上、古事記および日本書紀を主たる対象とし、それぞれの作品において語りが物語といかなる関係にあるのか、またその語りの機能についてみてきた。以下、得られた結論を整理したい。

第一章では、古事記の地の文に現れる「今」についての考察を行った。古事記の時間表現をみたとき、地の文に「今」が約三〇例存するのに対し、「昔」は一例のみであり、「古」は皆無である。書名が「古」事記とあることを思えば、物語の世界はすでに前提としてイニシへであり、それを語る立場がイマとして挿入されるのだと考えられる。そうしたとき、「今―イマ」は、イニシへとしての物語世界とは異なる時間にあることを明確にするものの、その語りは物語をかたちづくるものとしてある。

第一節では、古事記上巻における「天下」の語に注目した。古事記本文中において地上世界は、上巻では神話的世界である「葦原中国」と表現され、中・下巻では天皇の統治する「天下」と表現される。対象としては同一であるが、その世界観によって名称は異なるのである。しかし、上巻に一例のみ「天下」と表現される箇所がある。この例は、神話の文脈のなかに政治的世界の語が混入しているかのような印象を与える。従来はこれを原資料の残存あるいは文脈の延長として理解してきた。しかし、本書においてはそれが「今」における「山田のそほど」たる久延毘古の知の及ぶ範囲であることに注目し、物語のなかにある「葦原中国」とは別の論理に基づくものであることを指摘した。すなわち、上巻自体は神話を語るものではあるが、語りの「今」は神話的世界ではなくそこにおいてはむしろ「葦原中国」の語が使用されてはならない。ここでは「天下」の語が使用されることが重要なのではなく、それが語りの論理に基づくことが重要なのである。上巻における当該の「天下」の例は、〈神話世界—葦原中国〉と〈現実世界—天下〉という作品構成上の意図に従いながら、同時に物語と語りという仕組みに則ったものとしてあると指摘できるのである。

第二節では、伊耶那岐命の黄泉国往還譚の末尾にある、「故、其所レ謂黄泉比良坂者、今、謂二出雲国之伊賦夜坂一也」とする一文についての考察を行った。古事記における「黄泉比良坂」は、従来、世界観や境界論において要素的に扱われることが多かった。だが、当該の一文についての言及は少ない。しかし、黄泉比良坂が「出雲国之伊賦夜坂」に比定されることには、古事記にとっての意味があるはずである。すなわち、本来は現世のものではなかった黄泉比良坂は異界たる黄泉国から切り離されることで葦原中国の一部たりえる。それは物語において、伊耶那岐命が黄泉比良坂の坂本に千引の石を置いたことを契機とする。つまり、もともとは黄泉国の領域であった黄泉比良坂の坂本に石を置くことで新たな境界を策定し、結果、その坂自体が黄泉国から切り離される。さらに、それは物語から離れた語りの「今」においては伊賦夜坂という実体を得ることになる。こうして、異質であったはずの両者は同一のものとして定位される。それはまた、黄泉比良坂が物語の時間においてかつてあったものであり、また「今」において存する伊賦夜坂と同一のものとする理解が示されることにより、神話世界と現実世界とを連結する。「今」に対するものとして物語はあり、語りは「今」の立場からその物語を導くものとして認められる。

第三節では、古事記に頻出する「至今」型の形式と「於今」型の形式とを対比し、その差異と類縁の関係について考えた。「於今」型の形式を含む文が物語に対する挿入とみられかねない側面を有するのに対し、「至今」型の形式の文は逆に、物語の文脈からの延長とも受け取られかねない様相を呈する。しかし、「於今」型であれ「至今」型であれ、それらの語る「今」による叙述は物語を導くものとして、その在りようを認めることができる。「至今」型は物語から「今」への連続を示す。しかしながら、そこで示されるのは、事実そのものの連続ではなく、事実を契機とした事態の連続にほかならない。そこでは、物語におけるある出来事において、その状況は連続しているが、主体あるいは対象は異なる。たとえば、「火照命（海幸）」が「火遠理命（山幸）」に仕奉する物語を起源として、「今」において火照命を祖とする「隼人」が「天皇」に仕奉することが語られる。ここでは、主体と対象とが物語と語りとにおいて異なっている。つまり、物語内の事態と「今」における事態とは連続しているが、そこでは事柄の置換がなされる。物語における固有の要素が「今」においてはより一般的なものへと広がりをもつ。そして、物語外部にたって物語を定位するはたらきをするのである。

第二章では、日本書紀の時間表現を考察した。古事記とは大きく異なり、日本書紀では「今」はもちろん、「昔」「古」も多く使用される。さらに、それらは物語の内側で、ある時点の先後関係を提示する用法と、物語の外側から物語と語りとの距離を提示する用法とに分かれて使用される。

第一節では、日本書紀における「今」についての考察を行った。日本書紀において、語りとしての「今」と物語としての「古」「昔」とは相対的にある。それは時間のみならず空間的にでもある。さらに、「今」と「古」「昔」とにそれぞれ、事態の傍観者である「世人」と「時人」とが置かれる。そのような多層構造を指摘しうる。また、地の文における語りの「今」と同一の用法は、日本書紀が範とする漢籍にはみいだしがたい。つまり、日本書紀における時空の概念とは、日本書紀が自ら模索した結果のものとして理解されるのである。さらに、語りが物語世界を客観視するがゆえに、日本書紀の「今」は物語世界へと踏み込まず、これを傍観する立場をとる。だからこそ、物語に対して「蓋」と推し量ることとなった。物語世界は語り手にとって異質の世界であり、独立した自律的世界である。こうしたとき、〈語りの「今」―物語の「古」「昔」〉において時空の相対を認めることが可能である。

第二節では、日本書紀における「古」と「昔」とを主たる対象とし、その在りようをみた。日本書紀の地の文における「古」「昔」はその使用において一定の傾向を認めることが可能である。どちらも物語を外部から把握する機能をもち、これは〈「今」＝語り〉に相対的な〈「古」「昔」＝物語〉と把握することができる。本書ではそれらを物語外部用法と称する。表現する視点が物語の外に存するためである。しかしながら、物語を語ることのなかで使用される「今」あるいは「古」「昔」がある。物語のある瞬間を指して「今」といい、また引き戻される時間を「昔」、そして物語のある人物の認識する過去を「古」とする類のものである。このような使用を物語内部用法と称する。これらの大半において、現出する語り手は物語の外からそれを傍観する立場にある。つまり、語ることが物語と一体化することは原則としてない。しかし、一例のみ、語り手が物語世界のなかに入り込むような、いわば臨場的用法とでもいうべきものがある。

第三節では、日本書紀の冒頭部の位置づけを試みた。日本書紀巻第一神代上の第一段正文は、「古」から語り始められる。第一段の内容が前後半に分かれること、その前半に対して後半との間に文脈の重複がみられること、また付された一書の在りようを概観すれば、この「古」の位置はきわめて重要である。また、前半を承けて後半が「故曰」とあるのは、前半から連続する〈天地形成→神々の生成〉を一旦リセットし、あらためて天地形成の場面を舞台として設定したうえで、神々の生成を語るための指標として機能するものと認められる。つまり、

「古」から始まる前半と「故曰」から続く後半では、時間として完全に連続しているわけではなく、重なるところがある。このように第一段正文の在りかたをみたうえで、本章第二節において得られた日本書紀における「古」の機能を踏まえつつ、冒頭部の在りようそのものについて考えた。

第三章では、神・人を示すとき、名で呼ぶか称で呼ぶかに注目し、その用法について論じた。すでに、先行研究において、ある神が場面によって呼ばれ方が異なることについての指摘がある。しかし、それらでは、名と称との関係そのものに触れることは少なかった。ある物語中の存在を示すとき、語りの方法としては名と称とのいずれかを選択することになる。本章では、古事記におけるその選択について考察した。

第一節では、古事記に使用される「子」「御子」の全例を分類・分析した。その結果、中・下巻の系譜部、中・下巻の物語部、上巻を通じて、「子」と「御子」とが相補的に使用されている状況を明らかにすることができた。ただし、その使用の規則性は細部で異なるところがある。中・下巻系譜部では、「子」と「御子」の使い分けは極めて厳密で、原則として、親が天皇である場合、あるいは親は天皇ではないものの子が天皇位に即くときのみ「御子」が使用され、それ以外は「子」が使用される。中・下巻の物語部でも「子」の使用状況は同様であるが、「御子」はより多様な使用を指摘しうる。上巻では、「御子」は皇統に直結するものについての表現であるものの、「子」はそれに比して規則性がやや弱い。それら「子」と「御子」にあわせて、「太子」「王子」等の表現についても考察をおこなった。

第二節では、二人の「御子」についての考察を行った。垂仁天皇の子である「本牟智和気御子」と、仲哀天皇の子で、後に応神天皇として即位する「品陀和気命」は、古事記において、ともに、名前で呼ばれずに「御子」と呼ばれ続ける。これは、古事記全体を通して、極めて特異な表現のかたちである。両者の共通点を考察した結果、異常な出生や母親の特殊性などが明らかになった。「御子」は通常、天皇の子をいう表現であるが、両者には、その用法に加え、母親の存在が大きいことについて論じた。

これらに加え、補論1では、第一章第二節の補遺として、境界としての黄泉比良坂についての議論を整理し、それが古事記の世界観でどのような役割を果たすのかを論じた。黄泉比良坂をめぐる議論では、黄泉国と葦原中国との位置関係が問題になる。また、漢語「黄泉」をいかに解釈するか、「ヒラ」「サカ」の語義をどのように見定めるかが論の中心となることが多い。さらに、関連する異同についても諸研究で論が分かれるところである。それらの論の焦点を確認した上で、地下世界である黄泉「国」と葦原中国とを繋ぐ黄泉比良坂の在りようについて論じた。

また、補論2では、日本書紀・古事記等のテキストを再編集した神話テキストである先代旧事本紀について、その文体がいかにして同一性を保つのかを、文末助字を対象として論じた。先代旧事本紀は古事記・日本書紀・古語拾遺といった神話テキストを切り貼りして成った書物であるが、単語あるいは助字等に独自の工夫がなされている。特に、文末助字については、「矣」「也」を中心として、文の在りように即して使い分けがある。そのため、古事記・日本書紀の利用比率が同程度である巻一～四を中心として、その使用差を考察した。結果、会話文末には「矣」が集中的に用いられていること、地の文では説明的内容の文末に「也」、状況描写の文末に「矣」が用いられていることがわかった。

以上は、論者がこれまでに公にした研究内容をまとめたものである。最後に、もとになった論文の初出を示して本書のまとめとしたい。なお、本書の刊行にあたり、題名・内容ともに改めたところがある。

序章

古事記・日本書紀の地の文における「今」「古」「昔」

『國學院雜誌』（國學院大學）112巻11号　二〇一一年一一月

第一章

古事記における「今」―上巻の「天下」を中心に―

『国語と国文学』（東京大学国語国文学会）81巻7号　二〇〇四年七月

黄泉比良坂と伊賦夜坂

『古事記年報』（古事記学会）47号　二〇〇五年一月

古事記における「至今」型書式とその機能

『古事記年報』（古事記学会）48号　二〇〇六年一月

第二章

日本書紀の「今」―相対化される時空―

『上代文学』（上代文学会）96号　二〇〇六年四月

日本書紀の「昔」「古」

『文学史研究』（大阪市立大学国語国文学会）47号　二〇〇七年三月

日本書紀の冒頭表現

『萬葉語文研究』（萬葉語学文学研究会）3集　和泉書院　二〇〇七年一〇月

第三章

233　終　章

古事記における「子」と「御子」
『叙説』（奈良女子大学）37号　二〇一〇年三月
本牟智和気御子と品陀和気命
『古代文芸論叢』（おうふう）　二〇〇九年一一月

補論

先代旧事本紀の文体的特徴―文末助字を中心に―
『上代文学』（上代文学会）100号　二〇〇八年四月
「黄泉比良坂」追考
『記紀・風土記論究』（おうふう）　二〇〇九年三月

古事記神名・人名索引

（現代仮名遣いの五十音順）

あ 行

日本書紀神名・人名索引

（現代仮名遣いの五十音順）

あ行

あとがき

本書は、論者がこれまでに公にした論考および大阪市立大学に提出した博士論文を、発表の後に受けた批判や指摘をもとに、加筆・訂正したものである。序文は毛利正守先生に頂戴することができた。毛利先生とは、私が関西大学の、ただひたすらに生意気な学部生であったころからのおつきあいである。今思い出すと、冷や汗や脂汗の出るようなことを、色々と先生には申し上げたような気がする。にもかかわらず、毛利先生は嫌な顔一つとせず、幼子を教え諭すようにご指導をしてくださった。

毛利先生との思い出は、やはり「黄泉比良坂」である。学部三回生の演習であったと思うが、古事記の黄泉国往還譚を扱うことになり、本書第一章第二節および補論1の大本になる演習発表を行った。論の核になる部分は、実はその時点で見つかっているのであるが、そのことに当時の私は気づかなかった。しかし、毛利先生の折々のご助言によって、今、本書によって論じたものへと形づくられたのである。

大学院の博士前期課程二年次には、毛利先生より古事記学会大会での発表を勧められた。結果からいえば、極度の緊張のため大きく失敗をしてしまい、先生の顔に泥を塗るものとなってしまったのであるが、先生は発表の良かったところを褒めてくださったように記憶している。

先生が大阪市立大学をご定年になる年には、私の博士論文の主査をしていただく栄に浴することができた。今もって毛利先生にはご指導を仰ぐことが多く、そのたびに我が身の至らなさを思い知るばかりである。

学部の母校、関西大学では、国語学の遠藤邦基先生と上代文学の大濱眞幸先生のご指導を仰いだ。大学院進学に際しては、お二人から「大阪市立大に行って、毛利先生のもとで己を磨いてきなさい」と、ありがたいお言葉を頂戴した。学部を離れたのちも、学会や研究会では折に触れてご指導をいただいている。

大阪市立大学大学院では、金光桂子先生、小林直樹先生、阪口弘之先生、丹羽哲也先生、村田正博先生にも多くの教えを受けた。就中、村田先生には、日本史研究室の栄原永遠男先生とともに、私の博士論文の審査をしていただいた。

同じく毛利門下でともに学んだ先輩や同輩、後輩とは、ともに励み、衝突し、議論を交わし、励まし合い、そして笑った。学問とは一人で行うものであるかもしれないけれど、孤独に行うものではない、と教えてもらった。本書に収めた考察の要所々々には、そういった営為が詰め込まれている。

その後、縁あって勤務した実践女子大学では、同僚の先生方や事務職員諸氏に有形無形の援助を賜った。倦むことなく研究を進められたのも、恵まれた職場あってのことである。また、貴重な資料に触れる機会をいただいたことは、本当に感謝している。実践女子大学ののち、現職の群馬工業高等専門学校に移ってからも、同僚教員と事務職員の諸氏に恵まれ、支えられながら研究を、教育をしていることに気づかずにはいられない。

学界では多くの先学や同輩に多大な学恩をうけた。本来ならばお一方ずつのお名前を挙げて礼を陳べるべきところではあるが、本書をもってそれにかえることとしたい。

家族には、物心両面にわたって、多くの支援を受けた。特に、祖父植田英次は、常に私の心の支えであった。私の名の入った書物を一番喜んでくれるのは、祖父であろうと思う。

最後に、本書の刊行をお引き受けいただいた和泉書院の廣橋研三氏に謹んでお礼を申し上げる。

かくして、一冊の書物として自分のやってきたことをまとめたときに気づくのは、改めて己が恵まれており、多くのひとの手助けを得てきたという事実である。そして、それはまた、他者や学界、社会へと還元していかねばならぬことなのだ、と。

平成二十五年一月二十八日　古事記撰録千三百と一年目の日

植田　麦

■著者紹介

植田　麦（うえだ　ばく）

一九七七（昭和五二）年一月二八日　奈良県生まれ。

二〇〇七（平成一九）年　大阪市立大学大学院文学研究科後期博士課程修了。博士（文学）。

実践女子大学文学部助教を経て、現在、群馬工業高等専門学校准教授。

専門は古代語学・古代文学。

研究叢書 433

古代日本神話の物語論的研究

二〇一三年四月一〇日初版第一刷発行

（検印省略）

著　者　植田　麦

発行者　廣橋研三

印刷所　亜細亜印刷

製本所　渋谷文泉閣

発行所　有限会社　和泉書院

大阪市天王寺区上之宮町七－六

〒五四三－〇〇三七

電話　〇六－六七七一－一四六七

振替　〇〇九七〇－八－一五〇四三

ISBN978-4-7576-0660-9 C3395

研究叢書

書名	著者	番号	価格
源氏物語の方法と構造	森　一郎著	411	一三六五〇円
世阿弥の能楽論　「花の論」の展開	尾本頼彦著	412	一〇五〇〇円
類題和歌集　付録　本文読み全句索引エクセルCD	日下幸男編	413	二九四〇〇円
源氏物語忍草の研究　本文・校異編　論考編　自立語索引編	中西健治編著	414	一八九〇〇円
平安時代識字層の漢字・漢語の受容についての研究	浅野敏彦著	415	九四五〇円
文脈語彙の研究　平安時代を中心に	北村英子著	416	九四五〇円
平安文学の言語表現	中川正美著	417	八九二五円
『源氏物語』宇治十帖の継承と展開　女君流離の物語	野村倫子著	418	一二六〇〇円
祭祀の言語	白江恒夫著	419	九四五〇円
日本古代文献の漢籍受容に関する研究	王　小林著	420	八四〇〇円

（価格は５％税込）